SKANDINAVISCHES ESSEN ENTHÜLLT

100 authentische skandinavische Aromen von Grund auf herstellen

Carolin Haas

Urheberrechtliches Material ©2023

Alle Rechte vorbehalten

Kein Teil dieses Buches darf ohne die entsprechende schriftliche Zustimmung des Herausgebers und Urheberrechtsinhabers in irgendeiner Form oder auf irgendeine Weise verwendet oder übertragen werden, mit Ausnahme von kurzen Zitaten, die in einer Rezension verwendet werden. Dieses Buch sollte nicht als Ersatz für medizinische, rechtliche oder andere professionelle Beratung betrachtet werden.

INHALTSVERZEICHNIS _

INHALTSVERZEICHNIS **3**
EINFÜHRUNG **6**
FRÜHSTÜCK **8**
   1. NORWEGISCHER KRUMKAKE 9
   2. SCHWEDISCHE SAFRANWAFFELN 12
   3. SCHWEDISCHE PFANNKUCHEN 15
   4. NORWEGISCHES WEIHNACHTSBROT 17
   5. NORWEGISCHE PFANNKUCHEN 19
   6. DÄNISCHE RUM-ROSINEN-MUFFINS 21
   7. DÄNISCHER EIERSALAT 23
   8. SCHWEDISCHE SAFRANBRÖTCHEN (SAFFRANSBRÖD) 25
   9. SCHWEDISCHES HASCHISCHMEHL 28
   10. SCHWEDISCHE OFENPFANNKUCHEN 30
   11. DÄNISCHES ROGGENBROT 32
   12. LEFSA (NORWEGISCHES KARTOFFELBROT) 34
   13. DÄNISCHES ROGGENGETREIDE 36
   14. SCHWEDISCHES FLADENBROT 38
   15. SCHWEDISCHES BIERBROT 40
   16. RAGGMUNK (SCHWEDISCHE KARTOFFELPUFFER) 43
   17. DÄNISCHE FETA-SPINAT-WAFFEL 45
   18. EIER-, SCHINKEN- UND KÄSE-CRÊPES 47
   19. NORWEGISCHE BOLLER-BRÖTCHEN 49
SNACKS **51**
   20. DÄNISCHER KRINGLER 52
   21. DÄNISCHER AEBLESKIVER 54
   22. SCHWEDISCHE ANISWE TWISTS 56
   23. DÄNISCHE DANDIES (DANSKE SMAKAGER) 58
   24. SCHWEDISCHE FLEISCHBÄLLCHEN-VORSPEISEN 60
   25. NORWEGISCHE GEZUCKERTE NÜSSE 62
   26. DÄNISCHE SCHNECKEN 64
   27. NORWEGISCHE MANDELRIEGEL 66
   28. NORWEGISCHE HÜHNERFLEISCHBÄLLCHEN 68
   29. NORWEGISCHE FLEISCHBÄLLCHEN IN TRAUBENGELEE 70
COOKIES **72**
   30. NAPOLEONS HUT-KEKSMISCHUNG 73
   31. FATTIGMANN (NORWEGISCHE WEIHNACHTSPLÄTZCHEN) 75
   32. SCHWEDISCHE WEIHNACHTSHALBMONDE 77
   33. PEPPARKAKOR (SCHWEDISCHE INGWERKEKSE) 79
   34. SCHWEDISCHE DAUMENKEKSE 81
   35. SCHWEDISCHE HAFERKEKSE 83
   36. SCHWEDISCHE BUTTERKEKSE 86
   37. SCHWEDISCHE SPRITZ-KEKSE 88
   38. SCHWEDISCHE INGWERPLÄTZCHEN 90
   39. SCHWEDISCHE ORANGEN-GINGERNAPS 92

40. Norwegische Melassekekse 94
41. Schwedische Mandelkipferl 96
WÜRSTE **98**
42. Dänische Leberwurst 99
43. Dänische Schweinswurst 101
44. Schwedische Kartoffelwurst 103
45. Dänische Oxford-Hörner 105
46. Norwegische Wurst 107
HAUPTGERICHT **109**
47. Schwedische Janssons Frestelse Lasagne 110
48. Schwedischer Kalbsbraten mit Dill 112
49. Hamburger mit Zwiebeln nach schwedischer Art 115
50. Norwegischer pochierter Lachs mit Sardellenbutter 117
51. Schwedischer Hackbraten 119
52. Schwedisches Roastbeef mit Dill 121
53. Gravlax (schwedischer mit Zucker und Salz gepökelter Lachs) .. 123
54. Schwedischer Hühnersalat 126
55. Norwegischer Wacholderlachs 128
56. Steak nach schwedischer Art 130
57. Norwegische Erbsensuppe 132
58. Lachs mit gegrillten Zwiebeln 134
BEILAGEN UND SALATE **137**
59. Norwegischer Fleischsalat 138
60. Dänische knusprige Zwiebeln 140
61. Dänische mit Feta-Käse gegrillte Tomaten 142
62. Norwegischer Hummer mit Kartoffel-Sahne-Salat 144
63. Schwedische gebackene Bohnen 147
64. Norwegische Bratäpfel 149
65. Dänische Kohlrouladen 151
66. Schwedischer Krautsalat mit Fenchel 153
67. Schwedische Rutabagas 155
68. Dänischer Gurkensalat 157
69. Norwegische Petersilienkartoffeln 159
FRUCHTSUPPEN **161**
70. Dänische Apfelsuppe 162
71. Norwegische Blaubeersuppe 164
72. Dänische Apfelsuppe mit Obst und Wein 166
73. Dänische süße Suppe 168
74. Norwegische Obstsuppe (Sotsuppe) 170
DESSERT **172**
75. Schwedische Früchte in Likör 173
76. Schwedisches Schokoladendessert konungens tarts 175
77. Dänischer Blauschimmelkäsekuchen 178
78. Norwegischer Mandelpudding 181
79. Schwedischer Biskuitkuchen 183
80. Vegane schwedische Zimtschnecken (Kanelbullar) 185

81. Schwedischer Blätterteigkaffeekuchen 188
82. Schwedischer Käsepudding 190
83. Schwedische Sahne mit Beeren 192
84. Dänische Zapfen 194
85. Norwegischer Weihnachtspudding 196
86. Schwedische Preiselbeere Pavlova 198
87. Schwedischer Schokoladenkuchen 200
88. Norwegischer Kaffeekuchen „Kringlas" 202
89. Dänischer Apfel-Pflaumen-Kuchen 204
90. Norwegisches Rhabarber-Dessert 206
91. Schwedische Tosca 208
92. Norwegisches Riskrem 211
93. Dänisches Fondue 213
94. Schwedischer Käsekuchen 215
95. Norwegische Lachstörtchen 217

GETRÄNKE **220**
96. Gott Hammer 221
97. Doktor 223
98. Schwedische Kaffeemischung 225
99. Schwedischer Speer 227
100. Dänischer Kaffee 229

FAZIT **231**

EINFÜHRUNG

Im bezaubernden Reich von „SKANDINAVISCHES ESSEN ENTHÜLLT" laden wir Sie herzlich dazu ein, in die faszinierenden Aromen des Nordens einzutauchen, wo die Kunst des selbstgemachten Kochens jedes Gericht in ein kulinarisches Meisterwerk verwandelt. Dieses Kochbuch dient als Einstieg in die reiche Vielfalt der skandinavischen Küche und enthüllt die Geheimnisse und Traditionen, die diese nördlichen Köstlichkeiten zu einem Reich kulinarischer Faszination gemacht haben.

Stellen Sie sich die ruhigen Fjorde, die grünen Wälder und die intimen Küchen Skandinaviens vor, wo jede Mahlzeit eine Symphonie aus Einfachheit, Frische und einer tiefen Verbindung zu den zahlreichen Naturschätzen der Region ist. „SKANDINAVISCHES ESSEN ENTHÜLLT" ist nicht nur eine Zusammenstellung von Rezepten; Es ist ein umfassender Leitfaden, der Sie dazu einlädt, 100 authentische skandinavische Aromen bequem in Ihrer eigenen Küche zuzubereiten – eine Reise, die die Essenz des Nordens direkt auf Ihren Tisch bringt.

Bereiten Sie sich auf diese kulinarische Odyssee darauf vor, das volle Potenzial Ihrer Küche auszuschöpfen. Erfreuen Sie sich an der Entdeckung, mit regionalen Zutaten zu arbeiten , altehrwürdige Techniken zu verfeinern und Ihren Kreationen die Wärme und Authentizität zu verleihen, die das Herzstück der skandinavischen Hausmannskost ausmachen.

Egal, ob Sie sich von der herzhaften Symphonie des Smørrebrød oder der süßen Verlockung nordischer Köstlichkeiten angezogen fühlen, jedes Rezept auf diesen Seiten ist ein Portal zur wahren Seele des Nordens – einem Ort, an dem jeder Bissen eine Geschichte von kulturellem Reichtum und kulinarischem Erbe erzählt.

Entdecken Sie mit uns die Geheimnisse der skandinavischen Küche. Jede selbstgemachte Kreation ist eine herzliche Hommage an den anhaltenden Reiz der nordischen Gastronomie, in der Authentizität an erster Stelle steht. Möge Ihre Küche mit dem wohligen Aroma von Dill, der unverwechselbaren Essenz von Roggen und der puren Zufriedenheit, die sich aus der Herstellung dieser authentischen Aromen mit Ihren eigenen Händen ergibt, in Resonanz treten.

Lassen Sie also das kulinarische Abenteuer auf sich wirken. Möge „SKANDINAVISCHES ESSEN ENTHÜLLT" Ihr Führer sein und Sie durch die Geschmackswunder des Nordens führen, und möge Ihre Küche für immer vom Geist der nordischen Gastfreundschaft und dem zeitlosen Reiz selbstgemachter skandinavischer Köstlichkeiten erfüllt sein. Skål!

FRÜHSTÜCK

1. Norwegischer Krumkake

ZUTATEN:
- 1 Tasse Allzweckmehl
- ½ Tasse Kristallzucker
- 2 große Eier
- ½ Tasse ungesalzene Butter, geschmolzen
- ½ Tasse Sahne
- ½ Teelöffel gemahlener Kardamom (optional)
- ½ Teelöffel Vanilleextrakt
- Puderzucker zum Bestäuben (optional)

SPEZIALAUSRÜSTUNG:
- Krumkake-Eisen (ein spezielles Waffeleisen)
- Krumkake-Tütenroller (um die Waffel zu Waffeln zu formen)

ANWEISUNGEN:
a) Mehl und Zucker in einer Rührschüssel verrühren.
b) In einer separaten Schüssel die Eier schlagen. Fügen Sie die geschmolzene Butter, Sahne, Kardamom (falls verwendet) und Vanilleextrakt hinzu. Schneebesen, bis alles gut vermischt ist.
c) Die feuchten Zutaten zu den trockenen Zutaten geben und verrühren, bis ein glatter Teig entsteht. Der Teig sollte eine ähnliche Konsistenz wie der Pfannkuchenteig haben.
d) Heizen Sie Ihr Krumkake-Bügeleisen gemäß den Anweisungen des Herstellers vor.
e) Fetten Sie das heiße Krumkake-Bügeleisen leicht mit Kochspray oder geschmolzener Butter ein.
f) Geben Sie etwa einen Esslöffel Teig in die Mitte des Bügeleisens und verschließen Sie es fest.
g) Kochen Sie den Krumkake etwa 20–30 Sekunden lang oder bis er goldbraun ist. Behalten Sie es gut im Auge, um Verbrennungen zu vermeiden.
h) Nehmen Sie den Krumkake vorsichtig mit einer Gabel oder einem Spatel vom Eisen und rollen Sie ihn sofort mit einem Krumkake-Kegelroller in eine Kegelform. Seien Sie vorsichtig, da der Krumkake heiß sein wird.
i) Legen Sie den gerollten Krumkake zum Abkühlen und Festwerden auf einen Rost. Beim Abkühlen wird es knusprig.
j) Wiederholen Sie den Vorgang mit dem restlichen Teig und fetten Sie das Bügeleisen jedes Mal ein.

k) Sobald die Krumkake-Kegel abgekühlt und knusprig geworden sind, können Sie sie nach Belieben mit Puderzucker bestäuben.
l) Servieren Sie die Krumkake-Kegel pur oder füllen Sie sie mit Schlagsahne, Fruchtmarmelade oder anderen süßen Füllungen Ihrer Wahl.
m) Bewahren Sie übrig gebliebenen Krumkake in einem luftdichten Behälter auf, damit er seine Knusprigkeit behält.

2.Schwedische Safranwaffeln

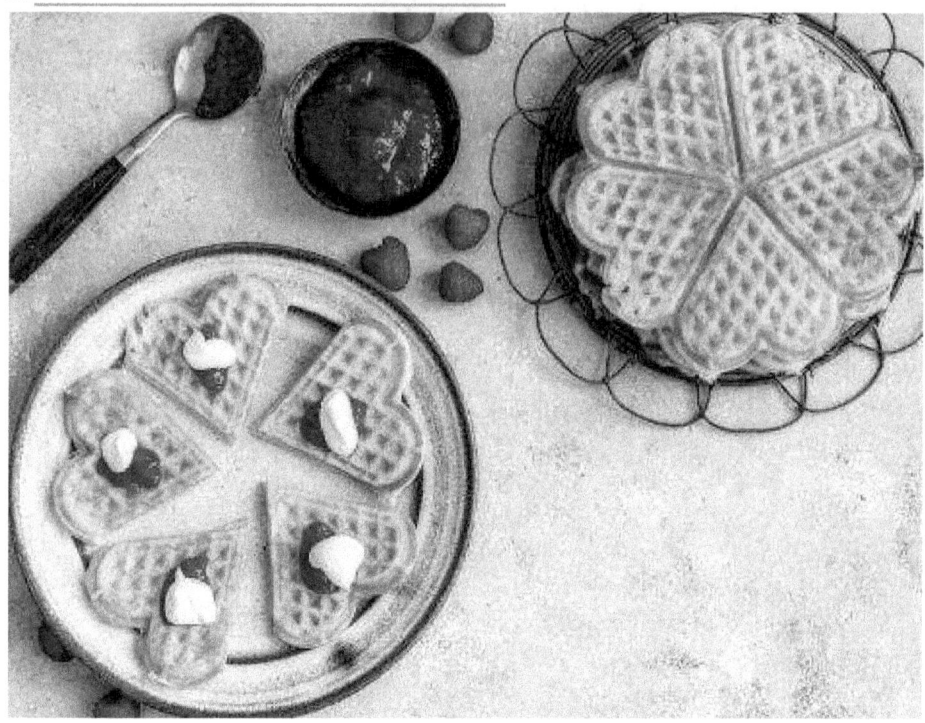

ZUTATEN:
- 2 Tassen Allzweckmehl
- ½ Tasse Kristallzucker
- 1 Esslöffel Backpulver
- ¼ Teelöffel Salz
- ½ Teelöffel gemahlener Kardamom
- ½ Teelöffel Safranfäden
- 2 ½ Tassen Milch
- ½ Tasse ungesalzene Butter, geschmolzen und abgekühlt
- 2 große Eier
- Schlagsahne und Preiselbeermarmelade zum Servieren (optional)

ANWEISUNGEN:

a) In einer kleinen Schüssel die Safranfäden mit Mörser und Stößel zerstoßen, bis sie ihr Aroma und ihre Farbe entfalten.
b) In einer großen Rührschüssel Mehl, Zucker, Backpulver, Salz, gemahlenen Kardamom und zerstoßenen Safran verrühren.
c) In einer separaten Schüssel Milch, geschmolzene Butter und Eier verrühren, bis alles gut vermischt ist.
d) Die feuchten Zutaten zu den trockenen Zutaten geben und verrühren, bis ein glatter Teig entsteht. Der Teig sollte eine gießfähige Konsistenz haben.
e) Decken Sie den Teig ab und lassen Sie ihn etwa 30 Minuten bei Raumtemperatur ruhen, damit sich die Aromen vermischen.
f) Heizen Sie Ihr Waffeleisen gemäß den Anweisungen des Herstellers vor.
g) Fetten Sie das heiße Waffeleisen leicht mit Kochspray oder zerlassener Butter ein.
h) Gießen Sie einen Teil des Teigs in die Mitte des Waffeleisens. Verwenden Sie dabei die empfohlene Menge entsprechend der Größe Ihres Waffeleisens.
i) Das Waffeleisen schließen und backen, bis die Safranwaffeln goldbraun und knusprig sind.
j) Die Safranwaffeln vorsichtig aus dem Eisen nehmen und auf einem Kuchengitter etwas abkühlen lassen.
k) Wiederholen Sie den Vorgang mit dem restlichen Teig und fetten Sie das Bügeleisen jedes Mal ein.
l) Servieren Sie die Safranwaffeln warm, entweder so wie sie sind oder mit einem Klecks Schlagsahne und einem Löffel Preiselbeermarmelade darüber.

3. Schwedische Pfannenkuchen

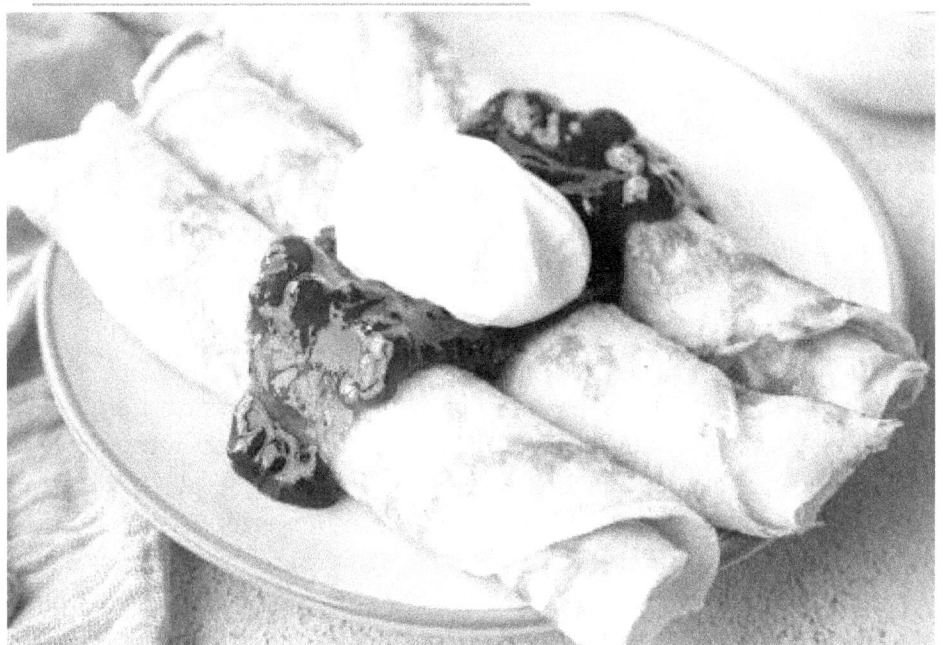

ZUTATEN:
- 4 extra große Eier, getrennt
- 1 Tasse Allzweckmehl
- 1/2 Teelöffel Salz
- 2 Esslöffel weißer Zucker
- 1 Tasse Milch
- 3 Esslöffel Sauerrahm
- 4 Eiweiß
- 3 Esslöffel Pflanzenöl

ANWEISUNGEN:

a) Eigelb in einer mittelgroßen Rührschüssel verquirlen, bis eine dicke Masse entsteht. Zucker, Salz und Mehl in einer separaten Schüssel sieben. Nach und nach die Zuckermischung und die Milch zum verquirlten Eigelb hinzufügen. Den Sauerrahm untermischen.

b) Eiweiß in einer mittelgroßen Rührschüssel verquirlen, dabei darauf achten, dass es nicht getrocknet, sondern steif ist. Das Eiweiß unter den Teig heben.

c) Gießen Sie eine kleine Menge Öl in eine auf hohe Temperatur erhitzte Pfanne oder Grillplatte. Geben Sie etwa 1 Esslöffel Teig in die Pfanne und verteilen Sie den Teig gleichmäßig. Den Pfannkuchen erhitzen, bis er auf einer Seite braun ist.

d) Drehen Sie den Pfannkuchen um, wenn die Oberfläche Blasen enthält. Erhitzen Sie die andere Seite, bis sie braun wird, und wiederholen Sie diesen Vorgang mit dem restlichen Teig.

4. Norwegisches Weihnachtsbrot

ZUTATEN:
- 2 Packungen Trockenhefe
- ½ Tasse warmes Wasser
- 1 Teelöffel Zucker
- 1 Tasse Milch, gebrüht
- ½ Tasse Butter
- 1 Ei, geschlagen
- ½ Tasse) Zucker
- ½ Teelöffel Salz
- ¾ Teelöffel Kardamom
- Ungefähr 5 Tassen Mehl
- ½ Tasse Zitrone, zerschnitten
- ½ Tasse kandierte Kirschen, zerschnitten
- ½ Tasse weiße Rosinen

ANWEISUNGEN:

a) Hefe in warmem Wasser mit etwas Zucker auflösen.
b) Milch aufbrühen und Butter hinzufügen; kühl bis lauwarm. Ei und dann die Hefemischung hinzufügen.
c) Zucker, Salz und Kardamom hinzufügen. 2 Tassen Mehl einrühren und gut vermischen.
d) Die Früchte mit etwas vom restlichen Mehl vermischen, damit sie nicht zusammenkleben, und dazugeben.
e) Restliches Mehl unterrühren. Auf einem bemehlten Tuch glatt kneten. In eine gefettete Schüssel geben. Abdecken und gehen lassen, bis sich das Volumen verdoppelt hat.
f) Den Teig in zwei Teile teilen und runde Brote formen. Auf gefettete Backbleche oder Kuchenformen legen. Bis fast das Doppelte aufgehen lassen.
g) 30 bis 40 Minuten bei 350 Grad Fahrenheit backen.
h) Noch warm mit weicher Butter bestreichen oder mit Puderzuckerglasur und Mandelaroma verzieren, dann Mandeln und weitere kandierte Kirschen hinzufügen.

5. Norwegische Pfannkuchen

ZUTATEN:

- 1 Esslöffel geschmolzene Butter
- ⅔ Tasse Milch
- 2 Eigelb
- 2 Eiweiß
- ¼ Tasse dicke Sahne
- 1 Teelöffel Backpulver
- ½ Tasse Mehl

ANWEISUNGEN:

a) Mehl, Backpulver, Milch und Eigelb zu einem schönen, glatten Teig verrühren.
b) Sahne und geschmolzene Butter hinzufügen.
c) Das Eiweiß steif schlagen und dann unter den Teig heben.
d) Den Teig in einer 8–12 Zoll großen Bratpfanne braten.
e) Nach dem Frittieren den Pfannkuchen mit Marmelade jeglicher Art bestreichen, dann in vier Teile falten und als Dessert servieren.

6. Dänische Rum-Rosinen-Muffins

ZUTATEN:

- 1 Tasse Rosinen
- 1 Tasse dunkler Rum
- 2 Tassen Mehl
- ½ Tasse) Zucker
- 1½ Teelöffel Backpulver
- ½ Teelöffel Backpulver
- ¼ Teelöffel Salz
- ¼ Teelöffel Muskatnuss
- ¾ Butter kleben
- 1 Tasse Sauerrahm
- 1 Ei
- ¾ Teelöffel Vanille

ANWEISUNGEN:

a) Rosinen über Nacht in Rum einweichen. Den Rum abtropfen lassen und aufbewahren.
b) Mischen Sie in einer großen Schüssel die trockenen Zutaten Mehl, Zucker, Backpulver, Natron, Salz und Muskatnuss.
c) Schneiden Sie die Butter hinein, bis sie grobkörnigem Mehl ähnelt.
d) Die abgetropften Rosinen untermischen.
e) In einer separaten Schüssel Sauerrahm, Ei, Vanille und 2 Esslöffel Rum verrühren, bis eine glatte Masse entsteht.
f) Machen Sie eine Mulde in die trockenen Zutaten und gießen Sie die feuchte Mischung hinein.
g) Muffinformen zu ¾ mit dem Teig füllen.
h) Im vorgeheizten Ofen bei 190 °C ca. 20 Minuten backen, bis sie braun sind.

7.Dänischer Eiersalat

ZUTATEN:

- ½ Pfund gefrorene Erbsen
- 1 Dose (2,25 oz) kleine Garnelen
- 6 Eier; 10 Minuten gekocht
- 3 Unzen geräucherter Lachs
- 1½ Unzen Mayonnaise
- 4 Unzen Sauerrahm
- Salz und Pfeffer nach Geschmack
- 1 Prise Zucker
- ¼ Zitrone; Saft von
- ½ Bund Petersilie; gehackt
- 1 Tomate
- Petersilienstücke

ANWEISUNGEN:

a) Erbsen nach Packungsanleitung kochen; abgießen und abkühlen lassen.
b) Garnelen abtropfen lassen.
c) Die gekochten Eier schälen und in Scheiben schneiden.
d) Den Räucherlachs in kleine Streifen schneiden.
e) Alle Zutaten vermischen.
f) Bereiten Sie die Marinade zu, indem Sie Mayonnaise, Sauerrahm, Salz, Pfeffer, Zucker, gehackte Petersilie und Zitronensaft nach Geschmack vermischen.
g) Alle Zutaten sorgfältig vermischen und 10-15 Minuten im Kühlschrank lagern.
h) Die Tomate schälen und in Spalten schneiden.
i) Den Salat mit Petersilienstückchen garnieren.

8. Schwedische Safranbrötchen (Saffransbröd)

ZUTATEN:
- ½ Teelöffel getrocknete Safranfäden
- 1 Tasse halb und halb
- 2 Umschläge Trockenhefe
- ¼ Tasse lauwarmes Wasser
- 1 Esslöffel Zucker
- ⅓ Tasse Zucker
- 1 Teelöffel Salz
- ⅓ Tasse ungesalzene Butter
- 1 Ei, geschlagen
- 4 Tassen gesiebtes Mehl oder nach Bedarf
- 1 Eigelb mit 1 Esslöffel Milch verquirlt
- 1 Eiweiß, geschlagen
- Rosinen oder Johannisbeeren zur Dekoration
- Würfelzucker, zerstoßen
- Geriebene, blanchierte Mandeln

ANWEISUNGEN:

a) Trockenen Safran zu einem feinen Pulver zerstoßen und 1 oder 2 Esslöffel lauwarm zur Hälfte 10 Minuten ziehen lassen.

b) Hefe in ¼ Tasse lauwarmes Wasser streuen, 1 Esslöffel Zucker hinzufügen, leicht abdecken und an einem warmen Ort 5 bis 10 Minuten lang oder bis es schaumig ist, beiseite stellen.

c) Die restliche Hälfte und die Hälfte anbrühen und ⅓ Tasse Zucker, Salz und Butter hinzufügen. Rühren, bis die Butter schmilzt. Kühl bis lauwarm.

d) Die Brühmischung zusammen mit der abgesiebten Safranmilch und einem geschlagenen Ei zur Hefemischung geben. Gut mischen.

e) Nach und nach Mehl unterrühren, bis die Masse glatt und nicht klebrig, aber dennoch weich und geschmeidig ist. 10 Minuten lang kneten, bis es glänzend und elastisch ist.

f) Geben Sie den Teig in eine leicht bemehlte Schüssel, bestäuben Sie die Oberseite des Teigs mit Mehl, decken Sie ihn locker ab und lassen Sie ihn in einer zugfreien Ecke etwa 1½ Stunden lang gehen, bis sich sein Volumen verdoppelt hat.

g) Den Teig ausstanzen und 2 bis 3 Minuten kneten. Formen Sie daraus Formen (für „Katzen" wie unten beschrieben). Lassen Sie es 30 Minuten lang gehen und backen Sie es 10 Minuten lang im vorgeheizten Ofen bei 200 °C. Reduzieren Sie die Hitze auf 350 °F und backen Sie weitere 30 Minuten oder bis es goldbraun ist.

Lussekatter - Lucia Cats:
h) Schneiden Sie kleine Teigstücke ab und rollen Sie sie zu 12 bis 17 cm langen Wurstformen.
i) Legen Sie diese Streifen paarweise zusammen, drücken Sie die Mitte zusammen, um sie zu verbinden, und wickeln Sie die vier Enden auf.
j) Mit Eigelbglasur bestreichen und backen.
k) Stecken Sie mit etwas Eiweiß eine Rosine oder Johannisbeere in die Mitte jeder Rolle der heißen Brötchen.

9.Schwedisches Haschischmehl

ZUTATEN:
- 1 & 1/2 Esslöffel Olivenöl
- 1/2 kg Kartoffeln, geschält und gewürfelt
- 1 mittelgroße Zwiebel, fein geschnitten
- 5 Unzen geräuchertes Schweinefleisch, gewürfelt
- 5 Unzen Schinken, gewürfelt (ca. 1/2 Tasse, gehäuft)
- 10 Unzen Wurst, gewürfelt (ca. 300 Gramm)
- Salz und Pfeffer zum Würzen
- Petersilie, grob gehackt zum Garnieren

ANWEISUNGEN:
a) Stellen Sie eine mittelgroße oder große Pfanne auf mittlere bis hohe Hitze und geben Sie dann Öl hinzu.
b) Sobald das Öl heiß ist, die Kartoffelwürfel hinzufügen.
c) Kochen, bis die Kartoffeln zur Hälfte gar sind.
d) Zwiebeln, Salz und Pfeffer hinzufügen.
e) Stellen Sie die Hitze auf mittlere Stufe und kochen Sie es etwa 4 Minuten lang oder bis die Zwiebeln weich sind.
f) Geräuchertes Schweinefleisch, Schinken und Wurst hinzufügen.
g) Kochen Sie, bis die Kartoffeln fertig sind, und prüfen Sie dabei gleichzeitig die Gewürze und passen Sie sie an.
h) Den Topf vom Herd nehmen und auf Teller verteilen.
i) Mit eingelegten Rüben und Spiegelei servieren.

10. Schwedische Ofenpfannkuchen

ZUTATEN:
- 3 Tassen Milch
- 4 große Eier
- 2 Tassen Mehl
- 4 Esslöffel Butter, geschmolzen
- 1 Teelöffel Salz
- 2 Esslöffel Zucker

ANWEISUNGEN:
a) Eier gut schlagen.
b) Milch, geschmolzene Butter, Salz und Mehl hinzufügen.
c) In einer gefetteten 9 x 13-Pfanne 25–30 Minuten im 200 °C heißen Ofen backen.
d) In Quadrate schneiden und sofort mit Butter und Sirup servieren.

11. Dänisches Roggenbrot

ZUTATEN:

Tag 1
- 2 Tassen (500 ml) Wasser, Raumtemperatur
- 3 Tassen (300 g) Vollkorn-Roggenmehl
- 1 Unze. (25 g) Roggensauerteig

Tag 2
- 4 Tassen (1 Liter) Wasser, Zimmertemperatur
- 8 Tassen (800 g) Vollkorn-Roggenmehl
- 2 Tassen (250 g) Vollkornmehl
- 2 Esslöffel (35 g) Salz
- 4½ oz. (125 g) Sonnenblumenkerne
- 4½ oz. (125 g) Kürbiskerne
- 2½ oz. (75 g) ganze Leinsamen

ANWEISUNGEN:

a) Die Zutaten gut vermischen und über Nacht bei Zimmertemperatur stehen lassen.

b) Den Teig vom Vortag mit den neuen Zutaten vermischen . Etwa 10 Minuten lang gründlich vermischen.

c) Teilen Sie den Teig in drei 8 × 4 × 3 Zoll (1½ Liter) große Kastenformen. Die Pfannen sollten nur zu zwei Dritteln gefüllt sein. An einem warmen Ort 3–4 Stunden gehen lassen.

d) Anfängliche Ofentemperatur: 475 °F (250 °C)

e) Stellen Sie die Pfannen in den Ofen und reduzieren Sie die Temperatur auf 180 °C. Streuen Sie eine Tasse Wasser auf den Boden des Ofens. Die Brote 40–50 Minuten backen.

f) Tag 2: Die restlichen Zutaten mit der Vorspeise vermischen.

g) Den Teig etwa 10 Minuten lang gut durchrühren.

h) Geben Sie den Teig in eine 8 × 4 × 3 Zoll große Kastenform (1 1/2 Liter). Füllen Sie die Pfanne nicht mehr als zwei Drittel bis zum Rand. Gehen lassen, bis der Teig den Rand der Form erreicht hat.

12. Lefsa (norwegisches Kartoffelbrot)

ZUTATEN:
- 3 Tassen Instant Hungry Jack Kartoffelpüree
- 1 Teelöffel Salz
- ¼ Tasse Margarine
- 1 Tasse Milch
- 1 Tasse Mehl
- Butter und brauner Zucker nach Geschmack

ANWEISUNGEN:

a) Margarine und Salz in 1 Tasse kochendem Wasser schmelzen. Gießen Sie die Mischung über das Instant-Kartoffelpüree und rühren Sie um.

b) 1 Tasse Milch und 1 Tasse Mehl hinzufügen; verrühren, dann im Kühlschrank abkühlen lassen.

c) Rollen Sie die Mischung zu Golfball-großen Kugeln und rollen Sie sie dann dünn aus.

d) Auf einer heißen Grillplatte (leicht geölt) garen und auf beiden Seiten leicht bräunen.

e) Den Lefsa mit Butter und braunem Zucker darin aufrollen. Alternativ können Sie die Füllung auch nach Belieben durch andere Füllungen ersetzen.

13. Dänisches Roggengetreide

ZUTATEN:
- 1 Tasse ganze Roggenbeeren, unverarbeitet
- 2 Teelöffel gemahlener Zimt
- 1 Teelöffel Kümmel
- 1 Esslöffel Vanilleextrakt
- 3 Tassen Wasser
- ¼ Tasse Rosinen
- Ricotta-Käse (optional)
- Zucker (optional)

ANWEISUNGEN:

a) Alle Zutaten außer Rosinen, Ricotta und Zucker in einem Topf vermengen. gut mischen.
b) Zum Kochen bringen.
c) Hitze reduzieren, köcheln lassen und abgedeckt 1 Stunde kochen lassen. Gelegentlich umrühren; Fügen Sie bei Bedarf mehr Wasser hinzu, um ein Anbrennen zu verhindern.
d) Während der letzten 15 Minuten der Garzeit Rosinen hinzufügen.
e) Belegen Sie jede Portion nach Belieben mit einem Klecks Ricotta-Käse und Zucker.

14. Schwedisches Fladenbrot

ZUTATEN:
- 2 Tassen Weißmehl
- ¾ Tasse Roggenmehl
- ¼ Tasse Zucker
- ½ Teelöffel Backpulver
- ½ Teelöffel Salz
- ½ Tasse Butter oder Margarine
- 1 Tasse Buttermilch
- 2 Esslöffel Fenchelsamen

ANWEISUNGEN:
a) In einer Schüssel Weißmehl, Roggenmehl, Zucker, Salz und Backpulver vermischen.
b) Margarine hineinschneiden, bis die Mischung feinen Krümeln ähnelt.
c) Buttermilch einrühren und mit einer Gabel Fenchelsamen hinzufügen, bis die Mischung zusammenhält.
d) Formen Sie den Teig zu kleinen Kugeln und rollen Sie diese auf einem bemehlten Brett aus, sodass sehr dünne Kreise mit einem Durchmesser von etwa 10 bis 12 cm entstehen.
e) Auf ungefetteten Blechen bei 180 °C etwa fünf Minuten backen oder bis sie hellbraun sind.

15. Schwedisches Bierbrot

ZUTATEN:
- 1 Packung Trockenhefe
- 1 Teelöffel Kristallzucker
- ½ Tasse Wasser, warm (100°F)
- 2 Tassen Bier, lauwarm erhitzt
- ½ Tasse Honig (nach Geschmack anpassen)
- 2 Esslöffel Butter, geschmolzen
- 2 Teelöffel Salz
- 1 Teelöffel Kardamom, gemahlen (optional)
- 1 Esslöffel Kümmel, zerstoßen, oder ¾ Teelöffel Anis, zerstoßen
- 2 Esslöffel Orangenschale, frisch oder kandiert, gehackt
- 2½ Tassen Mehl, Roggen
- 3 Tassen Mehl, ungebleicht

ANWEISUNGEN:

a) Hefe und Zucker in einer großen Schüssel in warmem Wasser auflösen und fünf Minuten gehen lassen.
b) Bier, Honig, geschmolzene Butter und Salz vermischen. Gut umrühren und zur Hefemischung geben.
c) Kardamom, zerstoßenen Kümmel oder Anis und gehackte Orangenschale hinzufügen. Gut mischen.
d) Mischen Sie das Mehl und geben Sie dann drei Tassen dieser Mischung zur Flüssigkeit. Kräftig schlagen.
e) Mit einem Geschirrtuch abdecken und an einem warmen, dunklen Ort etwa eine Stunde gehen lassen.
f) Rühren Sie um und fügen Sie so viel des restlichen Mehls hinzu, dass ein ziemlich fester, aber immer noch klebriger Teig entsteht.
g) Auf ein gut bemehltes Brett stürzen und den Teig kneten, bis er glatt und elastisch ist. Geben Sie nach Bedarf mehr Mehl auf das Brett.
h) Den Teig zu einer Kugel formen, die Oberfläche einölen und in eine geölte Schüssel geben. Mit dem Geschirrtuch abdecken und ein zweites Mal etwa eine Stunde gehen lassen.
i) Ausstanzen, zwei Kugeln formen und auf ein gefettetes, mit Maismehl bestreutes Backblech legen.
j) Mit geschmolzener Butter bestreichen, locker mit Wachspapier abdecken und drei Stunden im Kühlschrank lagern.
k) Aus dem Kühlschrank nehmen und zehn bis fünfzehn Minuten lang ohne Deckel auf der Arbeitsfläche stehen lassen.
l) Backen Sie das Brot etwa 40 bis 45 Minuten lang in einem auf 180 °C vorgeheizten Ofen, bis das Brot beim Klopfen auf den Boden hohl klingt.
m) Vor dem Schneiden abkühlen lassen.

16.Raggmunk (schwedische Kartoffelpuffer)

ZUTATEN:
- 3 Esslöffel Mehl
- ½ Teelöffel Salz
- 1¼ Deziliter Magermilch
- 1 Ei
- 90 Gramm Kartoffeln, geschält
- 1 Teelöffel Öl oder Margarine

ANWEISUNGEN:

a) Mehl und Salz mit der Hälfte der Milch verrühren.
b) Das Ei und die restliche Milch hinzufügen.
c) Reiben Sie die Kartoffeln und geben Sie sie zur Mischung hinzu. Gut umrühren.
d) Die Margarine in einer Pfanne schmelzen.
e) Eine dünne Schicht der Mischung in die Pfanne geben und hellbraun braten.
f) Wenden und auf der anderen Seite braun braten.
g) Servieren Sie Ihren Raggmunk mit ungesüßter Preiselbeermarmelade und etwas Gemüse. Zur Abwechslung können Sie einen Teil der Kartoffeln auch durch Karotten ersetzen. Genießen Sie Ihre schwedischen Kartoffelpuffer!

17. Dänische Feta-Spinat- Waffel

ZUTATEN:

- 2 Eier, getrennt
- 1½ Tassen Milch
- 125 g Butter, geschmolzen
- 1½ Tassen selbstaufziehendes Mehl
- 1 Teelöffel Salz
- 150 g weicher Feta, grob zerkrümelt, ¼ Tasse geriebener Parmesan
- 150 g gefrorener Spinat, aufgetaut, überschüssige Feuchtigkeit herausgedrückt
- Gegrillter Speck und Tomaten zum Servieren

Methode

1. Wählen Sie die Einstellung „BELGISCH" und stellen Sie am Bräunungsregler 6 ein.
2. Vorheizen, bis das orangefarbene Licht aufleuchtet und die Worte HEATING verschwinden.
3. Eigelb, Milch und Butter verquirlen.
4. Mehl und Salz in eine große Schüssel geben und in der Mitte eine Mulde formen.
5. Die Ei-Milch-Mischung vorsichtig unterrühren, bis ein glatter Teig entsteht. Zerkrümelten Feta und Spinat unterrühren.
6. Eiweiß schlagen, bis sich steife Spitzen bilden, und vorsichtig unter den Teig heben.
7. Gießen Sie mit einem Waffeldosierbecher eine halbe Tasse Teig in jedes Waffelquadrat. Schließen Sie den Deckel und kochen Sie, bis der Timer abgelaufen ist und dreimal ein Bereitschaftston ertönt. Mit dem restlichen Teig wiederholen.
8. Mit gegrilltem Speck und Tomaten servieren.

18. Eier-, Schinken- und Käse-Crêpes

ZUTATEN:

- Geschmolzene geklärte Butter
- 2 Tassen herzhafter Buchweizen-Crêpes-Teig
- 8 Eier
- 4 Unzen geriebener dänischer Schinken
- 4 Unzen Shredded Monterey Jack
- Käse

ANWEISUNGEN:

a) Erhitzen Sie eine 9 oder 10 Zoll große Crêpe-Pfanne oder Bratpfanne bei mäßig hoher Hitze.
b) Großzügig mit zerlassener Butter bestreichen.
c) Wenn die Butter brutzelt, ¼ Tasse Buchweizen-Crêpes-Teig hinzufügen und in der Pfanne verrühren.
d) Schlagen Sie vorsichtig ein Ei in die Mitte des Teigs und lassen Sie das Eigelb ganz.
e) Kochen, bis das Eiweiß fest ist, das Eigelb sollte flüssig bleiben.
f) Mit ½ Unze Schinken und ½ Unze Käse belegen.
g) Falten Sie die Crêpe-Seiten vorsichtig über den Käse. Crêpe mit einem Spatel auf einen warmen Teller geben.
h) Mit dem restlichen Crêpe-Teig und den Eiern fortfahren.

19. Norwegische Boller-Brötchen

ZUTATEN:
- 1½ Tasse Milch
- 1½ Unze frische Hefe
- 3 Unzen Butter
- 4 Tassen Weizenmehl
- ½ Tasse) Zucker
- 2 Teelöffel gemahlener Kardamom
- Rosinen nach Geschmack (optional, 1-2 Tassen)
- 1 Ei zum Glasieren

ANWEISUNGEN:
a) Beginnen Sie damit, die Butter zu schmelzen und lauwarm abkühlen zu lassen.
b) Erwärmen Sie die Milch auf etwa 37 °C (100 °F) und stellen Sie sicher, dass sie eine lauwarme Temperatur erreicht.
c) Die frische Hefe in die lauwarme Milch einrühren. Wenn Sie Trockenhefe verwenden, mischen Sie diese direkt unter das Mehl.
d) In einer separaten Rührschüssel Zucker, gemahlenen Kardamom und Rosinen (falls gewünscht) mit dem Mehl vermischen.
e) Die Milch-Hefe-Mischung zu den trockenen Zutaten geben, gefolgt von der geschmolzenen und abgekühlten Butter. Kräftig umrühren, bis der Teig glänzt und geschmeidig wird. Wenn der Teig zu klebrig ist, können Sie noch etwas Mehl hinzufügen.
f) Decken Sie den Teig mit Plastikfolie ab und legen Sie ihn an einen warmen Ort. Lassen Sie es gehen, bis es sein Volumen verdoppelt hat, was normalerweise etwa 45–60 Minuten dauert. Wenn Sie Kringle zubereiten, hören Sie hier auf.
g) Für süße Brötchen den Teig leicht kneten und zu einer langen Wurst formen. Teilen Sie den Teig in 24 gleiche Teile und formen Sie jedes Stück zu einer runden Kugel.
h) Die geformten Brötchen auf ein gefettetes Backblech legen und weitere 20 Minuten gehen lassen.
i) Heizen Sie Ihren Backofen auf die empfohlene Temperatur vor.
j) Schlagen Sie das Ei auf und bestreichen Sie damit die Oberseite der Brötchen.
k) Backen Sie die Brötchen auf der mittleren Schiene des Ofens, bis sie schön gebräunt sind und die Ränder hell sind.
l) Genießen Sie Ihre hausgemachten süßen Bollerbrötchen!

SNACKS

20. Dänischer Kringler

ZUTATEN:
- 2 ¼ Tassen Allzweckmehl
- 2 Esslöffel Kristallzucker
- 1 Teelöffel Instanthefe
- ½ Teelöffel Salz
- ½ Tasse Milch, lauwarm
- 2 Esslöffel ungesalzene Butter, geschmolzen
- 1 Ei, geschlagen

FÜR DEN BElag:
- 1 Ei, geschlagen
- Perlzucker oder grober Zucker zum Bestreuen

ANWEISUNGEN:
a) In einer großen Rührschüssel Mehl, Zucker, Instanthefe und Salz vermischen.
b) Die lauwarme Milch, die geschmolzene Butter und das geschlagene Ei zu den trockenen Zutaten geben. Rühren, bis der Teig zusammenkommt.
c) Den Teig auf eine leicht bemehlte Arbeitsfläche geben und etwa 5-7 Minuten lang kneten, bis er glatt und elastisch ist.
d) Legen Sie den Teig zurück in die Schüssel, decken Sie ihn mit einem sauberen Tuch ab und lassen Sie ihn an einem warmen Ort etwa 1 Stunde lang oder bis er sein Volumen verdoppelt hat, gehen.
e) Heizen Sie den Backofen auf 375 °F (190 °C) vor. Ein Backblech mit Backpapier auslegen.
f) Den Teig in 6 gleich große Stücke teilen. Rollen Sie jedes Stück zu einem etwa 50 cm langen Seil.
g) Formen Sie jedes Seil zu einem brezelähnlichen Knoten, kreuzen Sie die Enden übereinander und stecken Sie sie unter den Teig.
h) Legen Sie die geformten Kringler auf das vorbereitete Backblech. Bestreichen Sie sie mit geschlagenem Ei und bestreuen Sie sie mit Hagelzucker oder grobem Zucker.
i) Im vorgeheizten Ofen etwa 12–15 Minuten backen, bis sie goldbraun sind.
j) Aus dem Ofen nehmen und vor dem Servieren etwas abkühlen lassen.

21. Dänischer Aebleskiver

ZUTATEN:
- 1 ½ Tassen Allzweckmehl
- 2 Esslöffel Zucker
- ½ Teelöffel Backpulver
- ¼ Teelöffel Salz
- 1 ¼ Tassen Buttermilch
- 2 große Eier
- Butter oder Öl zum Kochen
- Puderzucker zum Servieren
- Marmelade oder Konfitüre zum Servieren

ANWEISUNGEN:
a) In einer Rührschüssel Mehl, Zucker, Backpulver und Salz verrühren.
b) In einer separaten Schüssel Buttermilch und Eier verquirlen.
c) Gießen Sie die feuchten Zutaten zu den trockenen Zutaten und rühren Sie, bis alles gut vermischt ist.
d) Erhitzen Sie eine Aebleskiver-Pfanne bei mittlerer Hitze und fetten Sie sie leicht mit Butter oder Öl ein.
e) Füllen Sie jede Vertiefung in der Pfanne etwa zu ¾ mit Teig.
f) Kochen Sie den Aebleskiver, bis der Boden goldbraun ist, drehen Sie ihn dann mit einem Spieß oder einer Stricknadel um und braten Sie ihn von der anderen Seite.
g) Mit dem restlichen Teig wiederholen. Servieren Sie den Aebleskiver mit Puderzucker bestäubt und mit Marmelade oder Konfitüre.

22. Schwedische Aniswe-Wendungen

ZUTATEN:
- 2 1/2 Tassen Allzweckmehl
- 1/2 Tasse ungesalzene Butter, weich
- 1/2 Tasse Kristallzucker
- 2 Teelöffel Anisextrakt
- 1/2 Teelöffel Backpulver
- 1/4 Teelöffel Salz
- 1 Ei
- Perlzucker zum Bestreuen (optional)

ANWEISUNGEN:
a) Heizen Sie den Ofen auf 190 °C (375 °F) vor und legen Sie ein Backblech mit Backpapier aus.
b) In einer großen Rührschüssel die weiche Butter, den Kristallzucker und den Anisextrakt cremig rühren, bis eine leichte, lockere Masse entsteht.
c) In einer separaten Schüssel Mehl, Backpulver und Salz vermischen.
d) Geben Sie die trockenen Zutaten nach und nach zur Buttermischung und vermischen Sie sie nach jeder Zugabe gut.
e) Das Ei unterrühren, bis der Teig zusammenkommt.
f) Teilen Sie den Teig in kleine Stücke und rollen Sie jedes Stück zu einem langen Strang von etwa 20 cm Länge.
g) Drehen Sie jedes Seil in eine „S"-Form und legen Sie es auf das vorbereitete Backblech.
h) Streuen Sie Hagelzucker über die Drehungen (falls gewünscht).
i) 10-12 Minuten backen oder bis die Ränder leicht golden sind.
j) Lassen Sie die Drehungen vor dem Servieren vollständig abkühlen.

23. Dänische Dandies (Danske Smakager)

ZUTATEN:
- ½ Tasse Butter
- ½ Tasse Backfett
- ¾ Tasse Zucker
- ½ Teelöffel Salz
- ½ Teelöffel Vanille
- ½ Teelöffel Zitronenextrakt
- 3 hartgekochte Eier, gesiebt
- 2 Tassen gesiebtes Mehl
- Maissirup
- Gehackte Nüsse

ANWEISUNGEN:
a) Butter, Backfett und Zucker cremig rühren, bis die Masse leicht und locker ist.
b) Salz, Vanille, Zitronenextrakt und gesiebte hartgekochte Eier hinzufügen. Gut mischen.
c) Gesiebtes Mehl einrühren und gut verrühren.
d) Formen Sie den Teig mit den Händen zu kleinen Kugeln und legen Sie diese auf ein Backblech.
e) Machen Sie mit Ihrem Daumen oder der Rückseite eines Löffels eine Vertiefung in der Mitte jedes Kekses.
f) Füllen Sie jede Vertiefung mit einer kleinen Menge Maissirup und streuen Sie gehackte Nüsse darüber.
g) Im vorgeheizten Ofen nach Keksrezept backen oder bis die Ränder goldbraun sind.
h) Lassen Sie die Kekse einige Minuten auf dem Backblech abkühlen, bevor Sie sie zum vollständigen Abkühlen auf einen Rost legen.

24. Schwedische Fleischbällchen-Vorspeisen

ZUTATEN:
- 2 Esslöffel Speiseöl
- 1 Pfund   Rinderhackfleisch
- 1 Ei
- 1 Tasse weiche Semmelbrösel
- 1 Teelöffel brauner Zucker
- ½ Teelöffel Salz
- ¼ Teelöffel Pfeffer
- ¼ Teelöffel Ingwer
- ¼ Teelöffel gemahlene Nelken
- ¼ Teelöffel Muskatnuss
- ¼ Teelöffel Zimt
- ⅔ Tasse Milch
- 1 Tasse Sauerrahm
- ½ Teelöffel Salz

ANWEISUNGEN:
a) Speiseöl in der Bratpfanne erhitzen. Alle restlichen Zutaten außer Sauerrahm und ½ TL vermischen. Salz.

b) Fleischbällchen in Vorspeisengröße (ca. 2,5 cm Durchmesser) formen. In Speiseöl von allen Seiten anbraten, bis sie vollständig gegart sind.

c) Aus der Pfanne nehmen und auf Papiertüchern abtropfen lassen. Überschüssiges Fett abgießen und die Pfanne leicht abkühlen lassen. Fügen Sie eine kleine Menge Sauerrahm hinzu, um die Bräunung zu verrühren, und rühren Sie um. Dann die restliche saure Sahne und ½ TL hinzufügen. salzen und umrühren.

25. Norwegische gezuckerte Nüsse

ZUTATEN:

- 1 Eiweiß
- 1½ Teelöffel Wasser
- 3 Tassen gesalzene gemischte Nüsse
- 1 Tasse Zucker gemischt mit ½ Teelöffel Zimt

ANWEISUNGEN:

a) In einer Schüssel Eiweiß und Wasser vermischen und leicht verrühren. Die Nüsse hinzufügen und gut damit bestreichen.
b) Die Zucker-Zimt-Mischung unter die überzogenen Nüsse rühren.
c) Ordnen Sie die Nussmischung in einer einzigen Schicht auf einem gut gefetteten braunen Papier in einer Biskuitrollenform an.
d) Im vorgeheizten Ofen bei 180 °C 25 bis 30 Minuten backen, dabei ein- oder zweimal umrühren.
e) Nach dem Abkühlen vom Papier nehmen. Genießen Sie Ihre gezuckerten norwegischen Nüsse!

26. Dänische Schnecken

ZUTATEN:
- ½ Portion Plundergebäck
- ½ Stück Butter
- ½ Tasse hellbrauner Zucker
- ¾ Tasse gehackte Pekannüsse oder Walnüsse
- Zimt
- Eier waschen
- Wasserglasur

ANWEISUNGEN:
a) Rollen Sie den Teig zu einem 12 x 20 Zoll großen Rechteck aus.
b) Mit weicher Butter bestreichen und mit braunem Zucker, Pekannüssen und Zimt bestreuen.
c) Von der 20-Zoll-Seite her aufrollen und in 12 Stücke schneiden.
d) Legen Sie die Stücke mit der Schnittseite nach oben in Muffinformen, die mit Muffinförmchen aus Papier ausgelegt sind.
e) 50 % aufgehen lassen und mit Eiern waschen.
f) Bei 375 Grad etwa 25 Minuten backen.
g) Abkühlen lassen und mit Wasserglasur beträufeln.

27. Norwegische Mandelriegel

ZUTATEN:
BASE:
- 1¾ Tassen Allzweckmehl
- ¾ Tasse Zucker
- 1 Teelöffel Backpulver
- ½ Tasse Kartoffelpüreeflocken
- ½ Teelöffel Zimt
- ½ Teelöffel Salz
- ¾ Tasse Margarine oder Butter, weich
- ½ Teelöffel Kardamom
- 1 Ei

FÜLLUNG:
- 1¼ Tassen Puderzucker
- ½ Tasse Wasser
- 1 Tube (7 oz) Mandelpaste

ANWEISUNGEN:
a) Heizen Sie den Ofen auf 375 Grad Fahrenheit vor.
b) Mehl leicht in einen Messbecher geben; abflachen. In einer großen Schüssel Mehl und die restlichen Grundzutaten vermischen; mixen, bis sich Krümel bilden.
c) Drücken Sie die Hälfte der Mischung in eine ungefettete 13x9-Zoll-Pfanne. Die restliche Mischung für den Belag aufbewahren.
d) In einer großen Schüssel alle Zutaten für die Füllung vermischen und gut vermischen.
e) Die Füllung auf dem Boden verteilen und die übrig gebliebene Mischung darüber streuen.
f) Bei 375 Grad 25–30 Minuten backen oder bis es leicht goldbraun ist.
g) Vollständig abkühlen lassen und in Riegel schneiden.
h) Genießen Sie Ihre köstlichen norwegischen Mandelriegel!

28.Norwegische Hühnerfleischbällchen

ZUTATEN:

- 1 Pfund   Hackfleisch
- 4½ Teelöffel Maisstärke; geteilt
- 1 großes Ei
- 2¼ Tasse Hühnerbrühe; geteilt
- ¼ Teelöffel Salz
- ½ Teelöffel frisch geriebene Zitronenschale
- 2 Esslöffel gehackter frischer Dill; geteilt
- 4 Unzen   Gjetost-Käse; in 0,6 cm große Würfel schneiden
- 4 Tassen heiße gekochte Eiernudeln

ANWEISUNGEN:

a) Ei schlagen; Fügen Sie knapp ¼ Tasse Brühe und 1¼ Teelöffel Maisstärke hinzu. Rühren, bis alles glatt ist. Zitronenschale und 1 Esslöffel frischen Dill hinzufügen . Fügen Sie dieser Mischung gemahlenes Hühnchen hinzu .

b) Bringen Sie zwei Tassen Brühe in einer 10- oder 12-Zoll-Pfanne zum Kochen.

c) Geben Sie vorsichtig einen Esslöffel der Hühnermischung in die köchelnde Brühe .

d) zubereiten : Den restlichen 1 Esslöffel Maisstärke mit 2 Esslöffeln kaltem Wasser vermischen. In die köchelnde Brühe einrühren und einige Minuten kochen, bis die Flüssigkeit etwas eingedickt ist. Gewürfelten Käse dazugeben und ständig umrühren, bis der Käse schmilzt.

e) Während das Huhn kocht, bereiten Sie die Nudeln vor und halten Sie sie heiß.

f) Hähnchenbällchen wieder in die Soße geben.

29. Norwegische Fleischbällchen in Traubengelee

ZUTATEN:
- 1 Tasse Semmelbrösel; weich
- 1 Tasse Milch
- 2 Pfund   Rinderhackfleisch
- ¾ Pfund Schweinehackfleisch; mager
- ½ Tasse Zwiebel; fein gehackt
- 2 Eier; geschlagen
- 2 Teelöffel Salz
- 1 Teelöffel Pfeffer
- ½ Teelöffel Muskatnuss
- ½ Teelöffel Piment
- ½ Teelöffel Kardamom
- ¼ Teelöffel Ingwer
- 2 Esslöffel Speckfett; oder Salatöl
- 8 Unzen   Traubengelee

ANWEISUNGEN:

a) Semmelbrösel eine Stunde in Milch einweichen. Hackfleisch, Schweinefleisch und Zwiebeln vermischen. Eier, Milch und Semmelbröselmischung hinzufügen. Salz, Pfeffer und Gewürze hinzufügen.

b) Gut vermischen und mit einer Gabel aufschlagen. Ein bis zwei Stunden kalt stellen. Zu kleinen Kugeln formen, in Mehl wälzen und im Speckfett oder Öl anbraten. Schütteln Sie die Pfanne oder die schwere Bratpfanne, um die Fleischbällchen im heißen Fett zu wälzen.

c) In einen Topf mit 1 großen Glas Traubengelee geben und eine Stunde lang auf LANGSAM kochen.

KEKSE

30. Keksmischung mit Napoleons Hut

ZUTATEN:

- 2 Tassen Allzweckmehl
- ¼ Teelöffel Salz
- ¾ Tasse Butter oder Margarine
- ½ Tasse) Zucker
- 2 Eigelb
- 1 Teelöffel Vanille
- 2 Eiweiß
- ¼ Teelöffel Weinstein
- ⅓ Tasse Puderzucker, gesiebt
- 1 Tasse Mandeln, gemahlen

ANWEISUNGEN:

a) Mehl und Salz mischen; beiseite legen. In einer großen Rührschüssel mit einem Elektromixer Butter oder Margarine 30 Sekunden lang bei mittlerer Geschwindigkeit schlagen. Zucker hinzufügen und schaumig schlagen. Eigelb und Vanille unterrühren und gut verrühren.

b) Geben Sie die trockenen Zutaten zur geschlagenen Mischung und schlagen Sie weiter, bis alles gut vermischt ist.

c) Den Teig abdecken und 1 Stunde kühl stellen. Für die Mandelpastenfüllung: In einer kleinen Rührschüssel Eiweiß und Weinstein schlagen, bis sich weiche Spitzen bilden (Spitzen kräuseln sich). Nach und nach den gesiebten Puderzucker hinzufügen und schlagen, bis sich steife Spitzen bilden (die Spitzen stehen gerade). Gemahlene Mandeln vorsichtig unterheben und beiseite stellen.

d) Rollen Sie den Teig auf einer leicht bemehlten Oberfläche auf ⅛" Dicke aus. Schneiden Sie ihn in 3" große Kreise. Geben Sie etwa 1 Teelöffel Mandelfüllung in die Mitte jedes Kreises. Falten Sie die drei Seiten zusammen und drücken Sie sie zusammen, sodass ein dreieckiger Hut entsteht. Lassen Sie dabei die Oberseite der Füllung frei.

e) Ordnen Sie die geformten Kekse im Abstand von 5 cm auf einem ungefetteten Backblech an.

f) Im 375-Grad-Ofen 10 bis 12 Minuten backen. Herausnehmen und auf einem Kuchengitter abkühlen lassen.

31. Fattigmann (norwegische Weihnachtsplätzchen)

ZUTATEN:
- 10 Eigelb
- 2 Eiweiß
- ¾ Tasse Zucker
- ¼ Tasse Brandy
- 1 Tasse Sahne
- 5 Tassen gesiebtes Allzweckmehl
- 2 Teelöffel gemahlener Kardamom
- Schmalz zum Braten

ANWEISUNGEN:

a) Eigelb, Eiweiß, Zucker und Brandy schlagen, bis eine sehr dicke Masse entsteht. Sahne langsam hinzufügen und gut umrühren.

b) Mehl und Kardamom zusammen sieben; Geben Sie jeweils etwa eine halbe Tasse zur Eimischung und verrühren Sie nach jeder Zugabe gründlich. Den Teig einwickeln und über Nacht kalt stellen.

c) Schmalz in einem tiefen Topf auf 365 bis 370 Grad erhitzen.

d) Rollen Sie den Teig in kleinen Portionen auf einer bemehlten Oberfläche mit einer Dicke von 0,6 cm aus.

e) Schneiden Sie den Teig mit einem bemehlten Messer oder einem Teigrädchen in rautenförmige Formen (5 x 2 Zoll); Machen Sie in der Mitte jedes Diamanten einen Längsschlitz. Ziehen Sie die Spitze eines Endes durch jeden Schlitz und stecken Sie es wieder unter sich.

f) 1 bis 2 Minuten lang frittieren oder bis sie goldbraun sind, dabei einmal wenden.

g) Abtropfen lassen und abkühlen lassen.

h) Kekse mit Puderzucker bestreuen. In dicht verschlossenen Behältern aufbewahren. Genießen Sie Ihren Fattigmann, einen köstlichen traditionellen norwegischen Weihnachtsgenuss!

32. Schwedische Weihnachtshalbmonde

ZUTATEN:
- 1 Tasse Butter
- 2 Esslöffel Mandeln, gemahlen
- 1 Tasse Puderzucker
- 2 Tassen Mehl
- 1 Teelöffel Vanille
- ¼ Tasse Puderzucker (zum Bestäuben)
- ½ Teelöffel Salz
- 2 Teelöffel Zimt

ANWEISUNGEN:
a) Butter und Zucker schaumig rühren.
b) Vanille, Salz und gemahlene Mandeln unterrühren.
c) Nach und nach Mehl untermischen.
d) Aus dem Teig Halbmonde formen, jeweils mit einem gehäuften Teelöffel voll.
e) Die Kipferl mit einer Mischung aus Puderzucker und Zimt bestreuen.
f) Auf ungefetteten Backblechen im vorgeheizten Ofen bei 165 °C 15–18 Minuten backen oder bis die Ränder leicht golden sind.

33. Pepparkakor (schwedische Ingwerkekse)

ZUTATEN:
- ½ Tasse Melasse
- ½ Tasse) Zucker
- ½ Tasse Butter
- 1 Ei, gut geschlagen
- 2½ Tassen gesiebtes Allzweckmehl
- ¼ Teelöffel Salz
- ¼ Teelöffel Backpulver
- ½ Teelöffel Ingwer
- ½ Teelöffel Zimt

ANWEISUNGEN:

a) Melasse in einem kleinen Topf bis zum Siedepunkt erhitzen und dann 1 Minute kochen lassen.
b) Zucker und Butter hinzufügen und rühren, bis die Butter geschmolzen ist. Lassen Sie die Mischung abkühlen.
c) Das gut geschlagene Ei unterrühren.
d) Mehl, Salz, Backpulver und Gewürze vermischen. Diese Mischung zur ersten Mischung hinzufügen und gründlich vermischen.
e) Decken Sie die Schüssel fest ab und lassen Sie den Teig über Nacht kalt.
f) Rollen Sie jeweils einen Teil des Teigs auf einem leicht bemehlten Backtuch aus. Rollen Sie es dünn aus.
g) Den Teig in die gewünschten Formen schneiden.
h) Im mäßigen Ofen (350 °F) 6 bis 8 Minuten backen.

34. Schwedische Daumenkekse

ZUTATEN:
- ½ Tasse Butter
- 1 Tasse Zucker
- 2 Teelöffel brauner Zucker
- 1 Eigelb, ungeschlagen
- 1½ Würfel (Hinweis: Dies könnte eine fehlende Zutat sein. Bitte überprüfen.)
- 1⅓ Tasse Allzweckmehl, gesiebt
- Carbonat von Ammoniak (Menge nicht angegeben)

ANWEISUNGEN:

a) Butter schaumig rühren, nach und nach Zucker hinzufügen und cremig rühren, bis die Masse hell ist.
b) Eigelb hinzufügen und gut verrühren.
c) Ammoniakwürfel zerstoßen und mit Mehl sieben.
d) Fügen Sie so viel Mehl hinzu, dass ein fester Teig entsteht. Beim Eindrücken des Daumens sollte der Teig platzen.
e) Zu Kugeln formen und mit dem Daumen in die Mitte drücken.
f) Im langsamen Ofen (250 Grad) 30 Minuten backen.

35. Schwedische Haferkekse

ZUTATEN:
PLÄTZCHENTEIG:
- ¾ Tasse Allzweckmehl
- ½ Teelöffel Soda
- ½ Teelöffel Diamantkristallsalz
- ½ Tasse) Zucker
- ⅓ Tasse Zucker
- ¼ Tasse Land O'Lake Butter (oder Margarine)
- ½ Tasse brauner Zucker
- ½ Tasse Backfett
- 1 großes ungeschlagenes Ei
- ½ Teelöffel Vanille
- 1½ Tassen Haferflocken
- 1 Esslöffel leichter Maissirup
- ¼ Tasse blanchierte Mandeln, gehackt
- ¼ Teelöffel Mandelextrakt

MANDEL-TOPPING:
- ¼ Tasse Zucker
- 1 Esslöffel Butter
- 1 Esslöffel leichter Maissirup
- ¼ Tasse blanchierte Mandeln, gehackt
- ¼ Teelöffel Mandelextrakt

ANWEISUNGEN:
a) Mehl, Soda und Salz zusammen sieben. Beiseite legen.
b) Nach und nach Zucker und braunen Zucker zum Backfett hinzufügen und gut eincremen.
c) Eier und Vanille untermischen und gut verrühren.
d) Die trockenen Zutaten und dann die Haferflocken hinzufügen und gut vermischen.
e) Teelöffelweise auf ungefettete Backbleche verteilen.
f) 8 Minuten bei 350 Grad backen.
g) Aus dem Ofen nehmen und einen knappen halben Teelöffel Mandel-Topping in die Mitte geben und leicht andrücken.
h) Weitere 6 bis 8 Minuten backen, bis die Kekse goldbraun sind.
i) 1 Minute abkühlen lassen, bevor es vom Backblech genommen wird.

MANDEL-TOPPING:
j) Zucker, Butter und leichten Maissirup in einem Topf vermischen; zum Kochen bringen.
k) Vom Herd nehmen.
l) Mandeln und Mandelextrakt unterrühren.

36.Schwedische Butterkekse

ZUTATEN:
- ½ Tasse Butter
- ¼ Tasse Zucker
- 1½ Teelöffel fein geriebene Zitronenschale
- ¼ Teelöffel Vanille
- 1 Tasse Allzweckmehl
- 4 Unzen halbsüße Schokolade (4 Quadrate)
- 2 Esslöffel Backfett

ANWEISUNGEN:
a) Die Butter mit einem Elektromixer 30 Sekunden lang schlagen.
b) Zucker, Zitronenschale und Vanille hinzufügen; schlagen, bis alles gut vermischt ist.
c) Schlagen Sie so viel Mehl wie möglich mit dem Mixer ein und kratzen Sie dabei gelegentlich die Seiten der Schüssel ab.
d) Restliches Mehl unterrühren. Abdecken und 1 Stunde kalt stellen oder bis sich der Teig gut verarbeiten lässt.
e) Rollen Sie den Teig auf einer leicht bemehlten Oberfläche auf eine Dicke von ⅛ bis ¼ Zoll aus.
f) Verwenden Sie einen 2-Zoll-Ausstecher, um den Teig auszustechen. Legen Sie die Ausschnitte im Abstand von 2,5 cm auf ein ungefettetes Backblech.
g) Im auf 180 °C vorgeheizten Ofen 5 bis 7 Minuten backen, bis die Ränder anfangen zu bräunen.
h) 1 Minute auf dem Backblech abkühlen lassen, dann die Kekse zum Abkühlen auf einen Rost legen.
i) Erhitzen Sie die Schokolade und das Backfett in einem Topf bei schwacher Hitze und rühren Sie dabei gelegentlich um.
j) Tauchen Sie einen Teil jedes Kekses in die Schokoladenmischung.
k) 30 Minuten lang auf Wachspapier abkühlen lassen oder bis die Schokolade fest wird. Bei Bedarf die Kekse kühlen, bis die Schokolade fest wird.

37. Schwedische Spritz-Kekse

ZUTATEN:
- 2 Tassen Butter
- 1½ Tassen Zucker
- 1 Ei
- 1 Teelöffel Vanille
- 4½ Tassen Mehl

ANWEISUNGEN:
a) Butter und Zucker gründlich schaumig rühren.
b) Ei und Vanille (oder andere Aromen) hinzufügen.
c) Nach und nach das Mehl hinzufügen und gut vermischen.
d) Mit einer Sternscheibe und einer Kekspresse aus dem Teig kleine Kränze formen.
e) Bei 400 °F 7 bis 10 Minuten backen. Die Kekse sollten fest, aber nicht braun sein.
f) Genießen Sie Ihre schwedischen Spritz-Kekse!

38. Schwedische Ingwerkekse

ZUTATEN:

- 1 Tasse Butter
- 1½ Tassen Zucker
- 1 großes Ei
- 1½ Esslöffel geriebene Orangenschale
- 2 Esslöffel dunkler Maissirup
- 1 Esslöffel Wasser
- 3¼ Tassen ungebleichtes Allzweckmehl
- 2 Teelöffel Backpulver
- 2 Teelöffel Zimt
- 1 Teelöffel gemahlener Ingwer (oder mehr nach Geschmack)
- ½ Teelöffel gemahlene Nelken

ANWEISUNGEN:

a) Butter und Zucker schaumig rühren.
b) Ei, Orangenschale, Maissirup und Wasser hinzufügen und gut vermischen.
c) Die trockenen Zutaten zusammensieben und zur Buttermischung geben.
d) Den Teig gründlich abkühlen lassen.
e) Sehr dünn ausrollen, etwa ⅛ Zoll groß, und mit Keksausstechern ausstechen.
f) Auf ungefetteten Backblechen im vorgeheizten Ofen bei 175 °C 8 bis 10 Minuten backen. Nicht zu lange backen, sonst verbrennen die Kekse.

39.Schwedische Orangen-Gingersnaps

ZUTATEN:
- 1½ Stangen ungesalzene Butter
- 1 Tasse brauner Zucker
- 1 großes Ei
- 2 Esslöffel plus 1 Teelöffel Melasse
- 1 Esslöffel Orangensaft
- 1 Esslöffel fein geriebene Orangenschale
- 2¾ bis 3 Tassen Mehl
- 1 Teelöffel Backpulver
- ½ Teelöffel gemahlene Nelken
- 2 Teelöffel gemahlener Zimt
- 2 Teelöffel gemahlener Ingwer

ANWEISUNGEN:
a) Butter und Zucker schaumig rühren, bis sie hell sind.
b) 1 Ei unterrühren und Melasse, Orangensaft und -schale untermischen.
c) Sieben Sie die trockenen Zutaten zusammen und verrühren Sie sie mit den feuchten Zutaten, um einen weichen, glatten Teig zu erhalten. Fügen Sie mehr Mehl hinzu, wenn der Teig zu klebrig ist.
d) Den Teig dreimal auf einem leicht bemehlten Brett kneten.
e) Heizen Sie den Ofen auf 350 Grad F vor.
f) Aus dem Teig drei etwa 20 cm lange Stücke formen. In Plastikfolie einwickeln und mindestens 1 Stunde oder über Nacht im Kühlschrank lagern.
g) Schneiden Sie die Holzscheite in dünne Kreise mit einer Dicke von weniger als einem Zentimeter.
h) Auf leicht gefettete Backbleche legen.
i) Kekse etwa 8 bis 10 Minuten backen.
j) Aus dem Ofen nehmen und die Kekse zum Abkühlen auf ein Gitter legen.

40. Norwegische Melassekekse

ZUTATEN:
KEKSE:
- 2½ Tassen Allzweckmehl
- 2 Teelöffel Backpulver
- 1 Tasse fester hellbrauner Zucker
- ¾ Tasse FLEISCHMANN'S Margarine, weich
- ¼ Tasse Eierschläger, 99 % echtes Ei
- 1 Tasse Puderzucker
- ¼ Tasse GRER RABBIT Helle oder dunkle Melasse
- ¼ Tasse Kristallzucker
- Wasser
- Farbige Streusel (optional)

Zuckerglasur für Konditoren:
- 6 Teelöffel Magermilch
- Puderzucker (bis zur gewünschten Konsistenz)

ANWEISUNGEN:
KEKSE:
a) In einer kleinen Schüssel Mehl und Backpulver vermischen. beiseite legen.
b) In einer mittelgroßen Schüssel mit einem Elektromixer bei mittlerer Geschwindigkeit braunen Zucker und Margarine cremig rühren. Eiprodukt und Melasse hinzufügen; glatt rühren.
c) Die Mehlmischung einrühren. Den Teig abdecken und 1 Stunde kalt stellen.
d) Aus dem Teig 48 Kugeln (2,5 cm) formen und in Kristallzucker wälzen.
e) Auf gefettete und bemehlte Backbleche im Abstand von etwa 5 cm legen. Den Teig leicht mit Wasser bestreuen.
f) Bei 350 °F 18–20 Minuten backen oder bis es flach ist.
g) Von den Blechen nehmen und auf Gitterrosten abkühlen lassen.
h) Nach Wunsch mit Puderzuckerglasur und farbigen Streuseln dekorieren.

Zuckerglasur für Konditoren:
i) Mischen Sie in einer Schüssel Magermilch mit Puderzucker, um die gewünschte Glasurkonsistenz zu erreichen.

41. Schwedische Mandelkipferl

ZUTATEN:
- ½ Tasse (1 Stange) Margarine
- ⅓ Tasse Zucker
- ½ Teelöffel Mandelextrakt
- 1⅔ Tasse Allzweckmehl
- ⅔ Tasse Gemahlene oder sehr fein gehackte Mandeln
- ¼ Tasse Wasser
- ⅓ Tasse Puder- oder Puderzucker

ANWEISUNGEN:
a) Heizen Sie den Ofen auf 375 °F vor. Backbleche mit Kochspray einsprühen oder mit Alufolie auslegen. Beiseite legen.
b) Mit einem Elektromixer bei mittlerer Geschwindigkeit Margarine, Zucker und Mandelextrakt schaumig schlagen.
c) Mehl, Nüsse und Wasser zur cremigen Mischung hinzufügen und bei mittlerer Geschwindigkeit verrühren.
d) Den Teig auf ein leicht bemehltes Brett geben, leicht durchkneten und in 24 Portionen zu je 1 Esslöffel teilen.
e) Formen Sie jede Portion zu einer etwa 10 cm langen Rolle mit spitz zulaufenden Enden. Formen Sie die Brötchen zu Halbmonden und legen Sie diese auf die vorbereiteten Backbleche.
f) 8 bis 10 Minuten backen oder bis der Boden leicht gebräunt ist.
g) Die warmen Hörnchen in Puderzucker wälzen und zum Abkühlen auf Zimmertemperatur auf Gitter stellen.
h) In einem luftdichten Behälter aufbewahren oder einfrieren, bis es benötigt wird.

WÜRSTE

42. Dänische Leberwurst

ZUTATEN:
- 4 Pfund fein gemahlene gekochte Schweineleber (gekocht)
- 1 Pfund fein gemahlener Speck
- 2 Tassen gehackte Zwiebeln
- 1½ Tassen Milch
- 1½ Tassen Kondensmilch
- ½ Tasse Kartoffelmehl
- 6 geschlagene Eier
- 3 Teelöffel schwarzer Pfeffer
- 2 Esslöffel Salz
- 1 Teelöffel gemahlene Nelken
- 1 Teelöffel Piment

ANWEISUNGEN:
a) Aus der Milch und dem Kartoffelmehl eine Soße zubereiten und einkochen, bis sie dickflüssig ist.
b) Alle Zutaten vermischen.
c) In Salzwasser etwa 20 Minuten köcheln lassen.
d) Vor der Verwendung 24 Stunden im Kühlschrank lagern.
e) Wurst teilen und wie einen Aufstrich verwenden.

43. Dänische Schweinswurst

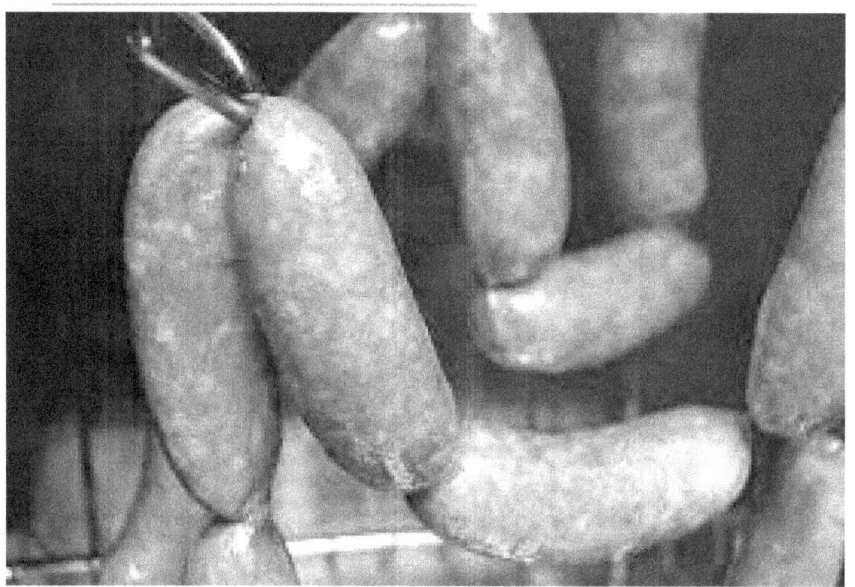

ZUTATEN:

- 5 Pfund fein gehackter Schweinerücken
- 5 Teelöffel Salz
- ¼ Teelöffel Piment
- 2 Teelöffel weißer Pfeffer
- ¼ Teelöffel Nelken
- 1 Teelöffel Kardamom
- 1 große gehackte Zwiebel
- 1 Tasse kalte Rinderbrühe

ANWEISUNGEN:

a) Alle Zutaten vermischen, gut vermischen und in den Schweinedarm füllen.

44. Schwedische Kartoffelwurst

ZUTATEN:
- 1 kleine Zwiebel, geschnitten
- 1 Esslöffel Salz
- 1½ Teelöffel schwarzer Pfeffer
- 1 Teelöffel Piment
- 1 Tasse fettarme Trockenmilch
- 1 Tasse Wasser
- 6 Tassen Kartoffeln, geschält, in Stücke geschnitten
- 1½ Pfund mageres Rindfleisch
- 1 Pfund mageres Schweinefleisch
- 1 Wursthülle

ANWEISUNGEN:

a) Fleisch, Kartoffeln und Zwiebeln durch eine ⅜-Zoll-Mahlplatte zerkleinern und in einen Mixer geben.
b) Alle anderen Zutaten hinzufügen Mit dem Wasser vermischen und gut vermischen.
c) Nach diesem Vorgang erneut durch die ⅜-Zoll-Platte mahlen.
d) In einen Schweinedarm mit 35-38 mm Durchmesser füllen.

45.dänisch Oxford-Hörner

ZUTATEN:
- 5 Pfund grob gehackter Schweinerücken
- 1½ Esslöffel Salbei
- 1½ Teelöffel Thymian
- 1½ Teelöffel Majoran
- ganze abgeriebene Zitronenschale
- 1½ Teelöffel Muskatnuss
- 4 Teelöffel Salz
- 2 Teelöffel schwarzer Pfeffer
- 3 Eier
- 1 Tasse Wasser

ANWEISUNGEN:

a) Alle Zutaten vermischen, gut vermischen und in den Schweinedarm füllen.

b) Zum Kochen, Braten oder Grillen.

46. Norwegische Wurst

ZUTATEN:

- 3 Pfund grobes Rinderhackfleisch
- 2 Pfund grob gehackter Schweinerücken
- 1½ Esslöffel Salz
- 4 mittelgroße Zwiebeln, gerieben
- 1 Esslöffel schwarzer Pfeffer
- 2½ Teelöffel Muskatnuss
- 1 Tasse kaltes Wasser

ANWEISUNGEN:

a) Alle Zutaten vermischen, gut vermischen und in den Schweinedarm füllen.

b) Zum Kochen, Backen oder Braten.

HAUPTKURS

47. Schwedische Janssons Frestelse Lasagne

ZUTATEN:
- 9 Lasagne-Nudeln
- 4 mittelgroße Kartoffeln, geschält und in dünne Scheiben geschnitten
- 2 Zwiebeln, in dünne Scheiben geschnitten
- 8 Unzen Sardellenfilets, abgetropft und gehackt
- 1 Tasse Sahne
- ½ Tasse Semmelbrösel
- 2 Esslöffel Butter
- Salz und Pfeffer nach Geschmack
- Gehackte frische Petersilie zum Garnieren

ANWEISUNGEN:

a) Heizen Sie Ihren Backofen auf 375 °F (190 °C) vor und fetten Sie eine 9 x 13 Zoll große Auflaufform leicht ein.

b) Die Lasagne-Nudeln nach Packungsanleitung kochen. Abtropfen lassen und beiseite stellen.

c) In einer großen Pfanne die Butter bei mittlerer Hitze schmelzen. Die in Scheiben geschnittenen Zwiebeln dazugeben und glasig dünsten.

d) Die Hälfte der Kartoffelscheiben in die gefettete Auflaufform legen, dann die Hälfte der sautierten Zwiebeln und die Hälfte der gehackten Sardellenfilets darauf verteilen.

e) Wiederholen Sie die Schichten mit den restlichen Kartoffeln, Zwiebeln und Sardellen.

f) Gießen Sie die Sahne über die Schichten und achten Sie darauf, dass sie gleichmäßig verteilt ist.

g) Mit Salz und Pfeffer abschmecken.

h) Die Auflaufform mit Alufolie abdecken und 45 Minuten backen.

i) Entfernen Sie die Folie und streuen Sie die Semmelbrösel gleichmäßig darüber.

j) Weitere 10–15 Minuten backen oder bis die Semmelbrösel goldbraun und knusprig sind.

k) Vor dem Servieren einige Minuten abkühlen lassen.

l) Vor dem Servieren mit gehackter frischer Petersilie garnieren.

48.Schwedischer Kalbsbraten mit Dill

ZUTATEN:
- 1 Esslöffel Butter oder Margarine
- 1 entbeinter, gerollter, gebundener Kalbsschulter oder -keulenbraten (3 Pfund)
- 8 Unzen Pilze; geviertelt
- 24-36 sehr kleine Karotten oder 6-8 med. Möhren
- 2 Esslöffel gehackter frischer Dill oder 2 TL. trockenes Dillkraut
- ⅛ Teelöffel gemahlener weißer Pfeffer
- ¼ Tasse Zitronensaft
- ½ Tasse trockener Weißwein
- 3 Esslöffel Maisstärke
- ⅓ Tasse Schlagsahne
- Salz, nach Geschmack
- Ein Hauch Zitronenschale
- Dillzweige

ANWEISUNGEN:

a) Butter in einer breiten beschichteten Bratpfanne bei mittlerer bis hoher Hitze schmelzen.

b) Fügen Sie das Kalbfleisch hinzu und bräunen Sie es von allen Seiten gut an. Geben Sie es dann in einen 4-Liter- oder größeren elektrischen Schongarer.

c) Das Kalbfleisch mit Champignons und Karotten umgeben (bei mittelgroßen Karotten zuerst jede quer halbieren und dann der Länge nach vierteln).

d) Mit gehacktem Dill und weißem Pfeffer bestreuen. Zitronensaft und Wein angießen.

e) Abdecken und auf niedriger Stufe garen, bis das Kalbfleisch beim Anstechen sehr zart ist (7½–9 Stunden).

f) Heben Sie das Kalbfleisch vorsichtig auf eine warme, tiefe Platte.

g) Nehmen Sie die Karotten und Pilze mit einem Schaumlöffel aus dem Herd und verteilen Sie sie rund um das Kalbfleisch. warm halten.

h) In einer kleinen Schüssel Maisstärke und Sahne vermischen; Im Herd zu einer Flüssigkeit verrühren.

i) Erhöhen Sie die Hitzeeinstellung des Herdes auf hoch; Abdecken und kochen, dabei zwei- oder dreimal umrühren, bis die Sauce eingedickt ist (weitere 15–20 Minuten).

j) Mit Salz.

k) Zum Servieren die Fäden vom Kalbfleisch entfernen und wegwerfen. Quer zur Faser aufschneiden.

l) Einen Teil der Soße über das Kalbfleisch und das Gemüse geben; Nach Belieben mit Zitronenschale und Dillzweigen garnieren. Die restliche Soße in einer Schüssel oder einem Krug servieren, um den Geschmack zu verstärken.

49. Hamburger mit Zwiebeln nach schwedischer Art

ZUTATEN:
- 1½ Pfund Rinderhackfleisch
- 3 Esslöffel Butter
- 3 gelbe Zwiebeln; geschnitten
- 1 grüner Pfeffer; in Ringen
- Salz und Pfeffer
- Petersilienkartoffeln; eingelegte Gurken (optional)

ANWEISUNGEN:
a) Formen Sie das Hackfleisch in 4 oder 5 Pastetchen und bewegen Sie es dabei so wenig wie möglich.
b) In einer Pfanne die Hälfte der Butter schmelzen.
c) Die in Scheiben geschnittenen Zwiebeln dazugeben und bei schwacher Hitze goldbraun anbraten.
d) Die Paprikaringe und ½ Tasse kochendes Wasser hinzufügen.
e) Mit Salz und Pfeffer abschmecken, vom Herd nehmen und warm halten.
f) Die Rindfleisch-Patties von beiden Seiten würzen.
g) In derselben Pfanne die Patties in der restlichen Butter anbraten, bis sie den gewünschten Gargrad erreicht haben.
h) Belegen Sie jedes Patty mit der Zwiebelmischung.
i) Nach Wunsch mit Petersilienkartoffeln und eingelegten Gurken servieren.

50. Norwegischer pochierter Lachs mit Sardellenbutter

ZUTATEN:

- 1½ Esslöffel ungesalzene Butter, weich
- 1½ Esslöffel gehackte frische Petersilienblätter
- ¾ Teelöffel Sardellenpaste oder püriertes Sardellenfilet
- 1 Zwiebel, in Scheiben geschnitten
- ⅓ Tasse destillierter weißer Essig
- ¼ Tasse Zucker
- ½ Teelöffel schwarze Pfefferkörner
- 1 Teelöffel Koriandersamen
- ½ Teelöffel Senfkörner
- 1 Teelöffel Salz
- Zwei 1 Zoll dicke Lachssteaks (jeweils etwa 1/2 Pfund)

ANWEISUNGEN:

a) In einer kleinen Schüssel Butter, gehackte Petersilie, Sardellenpaste und frisch gemahlenen schwarzen Pfeffer nach Geschmack gut vermischen. Die Sardellenbutter abgedeckt beiseite stellen.

b) In einem Topf die geschnittenen Zwiebeln, Essig, Zucker, Pfefferkörner, Koriandersamen, Senfkörner, Salz und 4 Tassen Wasser vermischen. Die Mischung zum Kochen bringen und 15 Minuten köcheln lassen.

c) Die Mischung durch ein feines Sieb in eine tiefe, schwere Pfanne abseihen, die gerade groß genug ist, um den Lachs in einer Schicht aufzunehmen.

d) Geben Sie den Lachs in die Pochierflüssigkeit, lassen Sie ihn köcheln und pochieren Sie den Lachs zugedeckt 8 bis 10 Minuten lang oder bis er nur noch in Flocken zerfällt.

e) Die Lachssteaks mit einem Schaumspatel auf Teller verteilen und die Pochierflüssigkeit abtropfen lassen.

f) Die zurückbehaltene Sardellenbutter auf die Lachssteaks verteilen.

51. Schwedischer Hackbraten

ZUTATEN:

- 1 Tasse Pilzcremesuppe
- 1½ Pfund Rinderhackfleisch
- 1 Ei; leicht geschlagen
- ½ Tasse Semmelbrösel, feingetrocknet
- ¼ Teelöffel Muskatnuss, gemahlen
- ½ Tasse Sauerrahm

ANWEISUNGEN:

a) In einer Rührschüssel Rinderhackfleisch, Ei, Semmelbrösel, Muskatnuss und ⅓ Tasse Pilzcremesuppe gründlich vermischen.
b) Formen Sie die Masse fest zu einem Laib und legen Sie ihn in eine flache Backform.
c) 1 Stunde bei 350 Grad backen.
d) Während der Hackbraten backt, die restliche Pilzcremesuppe mit Sauerrahm in einem Topf vermischen.
e) Die Soße erhitzen und gelegentlich umrühren.
f) Die Soße über dem gebackenen Hackbraten servieren.
g) Für mehr Geschmack mit zusätzlicher Muskatnuss bestreuen.
h) Nach Belieben mit Gurkenscheiben garnieren.

52. Schwedisches Roastbeef mit Dill

ZUTATEN:
- ¾ Tasse Rotkohl, in hauchdünne Scheiben geschnitten
- 1 Teelöffel Himbeer- oder Rotweinessig
- Pflanzenöl
- Salz und frisch gemahlener Pfeffer
- 1 Esslöffel zubereitete Meerrettichcreme
- 2 Lefse- oder Mehl-Tortillas
- 1 Esslöffel gehackter frischer Dill
- 2 große Boston-Salatblätter
- 3 bis 4 Unzen dünn geschnittenes Roastbeef

ANWEISUNGEN:
a) Kohl mit Essig, Pflanzenöl, Salz und Pfeffer abschmecken.
b) Meerrettichcreme auf Lefse- oder Mehl-Tortillas verteilen; Mit etwas Dill bestreuen.
c) Mit Salat, Roastbeef, Kohl und restlichem Dill belegen.
d) Aufrollen wie ein Burrito.

53. Gravlax (schwedischer mit Zucker und Salz gepökelter Lachs)

ZUTATEN:
- 2 in der Mitte geschnittene Lachsfilets; jeweils etwa 1 Pfund, mit übrig gebliebener Haut
- ⅔ Tasse Zucker
- ⅓ Tasse grobes Salz
- 15 grob zerstoßene weiße Pfefferkörner
- 1 großer Bund Dill
- 3 Esslöffel Dijon-Senf
- 1 Esslöffel Zucker
- 1 Esslöffel Essig
- Salz und gemahlener weißer Pfeffer nach Geschmack
- ½ Tasse Pflanzenöl
- ½ Tasse gehackter frischer Dill

SENF-DILL-SAUCE:
- 3 Esslöffel Dijon-Senf
- 1 Esslöffel Zucker
- 1 Esslöffel Essig
- Salz und gemahlener weißer Pfeffer nach Geschmack
- ½ Tasse Pflanzenöl
- ½ Tasse gehackter frischer Dill

ANWEISUNGEN:

a) Entfernen Sie alle kleinen Gräten mit einer Pinzette oder einer Spitzzange von den Filets.
b) Zucker, Salz und Pfeffer in einer Schüssel vermischen.
c) Den Boden einer Auflaufform mit ⅓ des Dills bedecken.
d) Das erste Filet auf beiden Seiten mit der Hälfte der Zucker-Salz-Mischung einreiben und mit der Hautseite nach unten auf den Dill legen.
e) Mit ⅓ Dill bedecken.
f) Das andere Lachsfilet auf die gleiche Weise zubereiten und mit der Hautseite nach oben mit dem restlichen Filet bedecken, mit dem restlichen Dill darauf.
g) Mit Plastikfolie abdecken, ein Schneidebrett mit schweren Gewichten darauf legen und 24 Stunden im Kühlschrank marinieren.
h) Aus der Plastikfolie nehmen und angesammelten Saft entsorgen.
i) Wieder einpacken und weitere 24–48 Stunden im Kühlschrank lagern.
j) Die Marinade abkratzen und in hauchdünne Scheiben schneiden.

Senf-Dill-Sauce:

k) Senf, Zucker, Essig, Salz und Pfeffer in einer Schüssel vermischen.
l) Das Öl langsam einrühren, bis die Mischung eindickt.
m) Den gehackten frischen Dill unterrühren.
n) Servieren Sie den Gravlax mit Senf-Dill-Sauce, in hauchdünne Scheiben geschnitten, und genießen Sie!

54. Schwedischer Hühnersalat

ZUTATEN:
- 3 Tassen gewürfeltes kaltes, gekochtes Hähnchen
- ½ Tasse Mayonnaise
- ⅓ Tasse Sauerrahm
- 2 bis 3 Teelöffel Currypulver
- Salz und Pfeffer nach Geschmack
- Knackige Salatblätter, gewaschen und getrocknet
- 2 hart gekochte Eier, geschält und in Spalten geschnitten
- 6 gefüllte Oliven, in Scheiben geschnitten
- 2 Esslöffel Kapern, abgetropft
- 3 Esslöffel fein gehackte Dillgurken

ANWEISUNGEN:
a) Hühnchen mit Mayonnaise, Sauerrahm und Currypulver vermischen.
b) Mit Salz und Pfeffer würzen. Gut mischen.
c) 1 Stunde oder länger in den Kühlschrank stellen, um die Aromen zu vermischen.
d) Zum Servieren die Salatblätter auf einer Platte anrichten.
e) Den Hühnersalat über den Salat geben.
f) Mit hartgekochten Eiern, Oliven, Kapern und gehackten Dillgurken dekorieren.

55.Mit norwegischem Wacholder gepökelter Lachs

ZUTATEN:
- 2 Pfund Lachsfilet
- ½ Tasse Wacholderbeeren
- 2 Esslöffel Salz
- 4 Esslöffel Zucker
- ¼ Tasse Senf nach Dijon-Art
- ½ Tasse Puderzucker
- ½ Esslöffel Olivenöl
- ½ Esslöffel Dill, fein gehackt

SENFSOSSE:
- Senf, Zucker, Öl und Dill vermischen.

ANWEISUNGEN:
a) Den Lachs waschen, trocken tupfen und alle Gräten entfernen.
b) Wacholderbeeren in einer Küchenmaschine oder einem Mixer zerkleinern.
c) Salz und Zucker vermischen.
d) Reiben Sie beide Seiten des Lachses mit der Salz-Zucker-Mischung ein. Legen Sie den Lachs flach mit der Haut nach unten in eine Pfanne.
e) Zerdrückte Wacholderbeeren auf der Oberseite des Lachses verteilen. Mit Folie abdecken und Gewichte (z. B. mehrere Konservendosen oder ein kleines Brett mit einer oder zwei Dosen) darauf legen.
f) 48 Stunden im Kühlschrank lagern, dabei den Lachs mehrmals wenden. Behalten Sie das Gewicht über dem Lachs.
g) Die Wacholderbeeren abkratzen, den Lachs in dünne Scheiben schneiden und mit Senfsauce servieren.

Senfsoße:
h) Dijon-Senf, Puderzucker, Olivenöl und fein gehackten Dill vermischen.
i) Genießen Sie Ihren köstlichen norwegischen Wacholderlachs!

56.Steak nach schwedischer Art

ZUTATEN:
- 2 Pfund rundes Steak ohne Knochen
- Salz und Pfeffer
- 1 Teelöffel Dillkraut
- 1 mittelgroße Zwiebel, in Scheiben geschnitten
- 1 Rinderbrühwürfel, zerkrümelt
- ½ Tasse Wasser
- ¼ Tasse Mehl
- ¼ Tasse Wasser
- 1 Tasse Sauerrahm

ANWEISUNGEN:
a) Schneiden Sie das Steak in portionierte Stücke. Mit Salz und Pfeffer bestreuen. In einen langsam kochenden Topf geben.
b) Dill, Zwiebel, Brühwürfel und ½ Tasse Wasser hinzufügen.
c) Abdecken und bei niedriger Temperatur 6 bis 8 Stunden garen.
d) Das Fleisch herausnehmen.
e) Den Saft mit in ¼ Tasse Wasser aufgelöstem Mehl andicken. Stellen Sie den Regler auf die höchste Stufe und kochen Sie es 10 Minuten lang oder bis es leicht eingedickt ist.
f) Sauerrahm einrühren.
g) Schalten Sie die Heizung aus.

57. Norwegische Erbsensuppe

ZUTATEN:
SUPPE:
- 1 Pfund getrocknete Erbsen
- 2 Liter Wasser
- 2 große Zwiebeln, fein gewürfelt
- 3 große Karotten, fein gewürfelt
- 2 Sellerierippen, fein gewürfelt
- 1 mittelgroße Kartoffel, fein gewürfelt
- Salz, nach Geschmack
- Pfeffer, nach Geschmack

FLEISCHKLÖSSCHEN:
- 1 Pfund Schweinswurst
- ½ Tasse Weizenkeime

GARNIERUNG:
- Gehackte Petersilie

ANWEISUNGEN:
SUPPE:
a) Alle Zutaten (Erbsen, Wasser, Zwiebeln, Karotten, Sellerie, Kartoffeln, Salz und Pfeffer) in einen Suppentopf geben und zwei Stunden lang langsam köcheln lassen.
b) Nach Belieben Gewürze hinzufügen.

FLEISCHKLÖSSCHEN:
c) Aus der Schweinswurst kleine Kugeln formen.
d) Rollen Sie die Schweinefleischbällchen in Weizenkeimen.
e) Legen Sie die Schweinefleischbällchen vorsichtig in die Suppe.
f) Eine weitere Stunde lang langsam köcheln lassen oder bis die Suppe fertig ist.
g) Jede Schüssel mit gehackter Petersilie garnieren.
h) Genießen Sie Ihre herzhafte norwegische Erbsensuppe!

58. Lachs mit gegrillten Zwiebeln

ZUTATEN:
- 2 Tassen Hartholzspäne, in Wasser eingeweicht
- 1 große Beilage norwegischer Zuchtlachs (ca. 3 Pfund), Gräten entfernt
- 3 Tassen Smoking Brine, hergestellt mit Wodka
- ¾ Tasse Smoking Rub
- 1 Esslöffel getrocknetes Dillkraut
- 1 Teelöffel Zwiebelpulver
- 2 große rote Zwiebeln, in 2,5 cm dicke Ringe geschnitten
- ¾ Tasse natives Olivenöl extra 1 Bund frischer Dill
- Fein abgeriebene Schale von 1 Zitrone 1 Knoblauchzehe, gehackt
- Grobes Salz und gemahlener schwarzer Pfeffer

ANWEISUNGEN:

a) Legen Sie den Lachs in einen Jumbo-Beutel (2 Gallonen) mit Reißverschluss. Wenn Sie nur 1-Gallonen-Beutel haben, schneiden Sie den Fisch in zwei Hälften und verwenden Sie zwei Beutel. Geben Sie die Salzlösung in den Beutel, drücken Sie die Luft heraus und verschließen Sie ihn. 3 bis 4 Stunden kühl stellen.

b) Alles bis auf einen Esslöffel Rub mit dem getrockneten Dill- und Zwiebelpulver vermischen und beiseite stellen. Die Zwiebelscheiben in Eiswasser einweichen. Erhitzen Sie einen Grill auf indirekte, niedrige Hitze (ca. 100 °C) mit Rauch. Lassen Sie die Holzspäne abtropfen und geben Sie sie auf den Grill.

c) Nehmen Sie den Lachs aus der Salzlake und tupfen Sie ihn mit Papiertüchern trocken. Entsorgen Sie die Salzlösung. Bestreichen Sie den Fisch mit einem Esslöffel Öl und bestreuen Sie die Fleischseite mit der Mischung aus getrocknetem Dill.

d) Die Zwiebeln aus dem Eiswasser nehmen und trocken tupfen. Mit 1 Esslöffel Öl bestreichen und mit dem restlichen 1 Esslöffel Rub bestreuen. Legen Sie den Fisch und die Zwiebeln zum Ruhen für 15 Minuten beiseite.

e) Den Grillrost bestreichen und gut mit Öl einreiben. Legen Sie den Lachs mit der Fleischseite nach unten direkt über die Hitze und grillen Sie ihn 5 Minuten lang, bis die Oberfläche goldbraun ist. Drehen Sie den Fisch mit der Hautseite nach unten und legen Sie ihn mit einem großen Fischspatel oder zwei normalen Spateln auf den Grillrost, entfernt vom Feuer. Die Zwiebelscheiben direkt über das Feuer legen.

f) Den Grill schließen und ca. 25 Minuten garen, bis der Lachs außen fest, aber nicht trocken und in der Mitte elastisch ist. Wenn Sie fertig sind, sickert Feuchtigkeit durch die Oberfläche, wenn der Fisch leicht angedrückt wird. Es sollte unter Druck nicht vollständig abplatzen.

g) Während der Garzeit die Zwiebeln einmal wenden.

Beilagen und Salate

59. Norwegischer Fleischsalat

ZUTATEN:
- 1 Tasse Julienne-Streifen vom gekochten Rind-, Kalb- oder Lammfleisch
- 1 Tasse Julienne-Streifen gebackener oder gekochter Schinken
- 1 Esslöffel gehackte Zwiebel
- 6 Esslöffel Salatöl
- 2 Esslöffel Apfelessig
- ½ Teelöffel Pfeffer
- 1 Teelöffel gehackte Petersilie
- ¼ Tasse Sahne oder Sauerrahm
- 1 hartgekochtes Ei, in Scheiben geschnitten
- 1 gekochte oder eingelegte Rote Bete, in Scheiben geschnitten

ANWEISUNGEN:
a) Aufgeschnittenes Fleisch mit gehackten Zwiebeln mischen.
b) Öl, Essig, Pfeffer und Petersilie verrühren.
c) Sahne unter das Dressing rühren.
d) Das Dressing mit dem Fleisch vermischen und leicht vermischen.
e) Mit geschnittenem Ei und Rüben garnieren.
f) Servieren Sie diesen norwegischen Fleischsalat als Hauptgericht. Genießen!

60. Dänische knusprige Zwiebeln

ZUTATEN:
- 4 große weißfleischige Zwiebeln
- ½ Tasse Allzweckmehl, ungesiebt
- 1½ Zoll Salatöl

ANWEISUNGEN:

a) Die Zwiebeln schälen und in dünne Scheiben schneiden. Die Scheiben in Ringe teilen und zusammen mit dem Mehl in einen großen Beutel geben.

b) Den Beutel verschließen und schütteln, damit die Ringe bedeckt sind.

c) In einem tiefen 3-Liter-Topf das Salatöl bei starker Hitze auf 300 Grad erhitzen.

d) Etwa ⅓ der Zwiebeln zum Öl geben und etwa 10 Minuten braten, bis die Zwiebeln goldbraun sind. Regulieren Sie die Hitze, um eine Temperatur von 275 Grad aufrechtzuerhalten.

e) Rühren Sie die Zwiebeln häufig um. Mit einem Schaumlöffel die Zwiebeln aus dem Öl heben und auf saugfähigem Material abtropfen lassen. Entfernen Sie alle Partikel, die schneller bräunen als andere, um ein Anbrennen zu verhindern.

f) Die restlichen Zwiebeln nach dem gleichen Verfahren im Öl anbraten.

g) Die Zwiebeln warm oder kalt servieren. Wenn es vollständig abgekühlt ist, können Sie es für die spätere Verwendung luftdicht aufbewahren.

h) Im Kühlschrank bis zu drei Tage oder 1 Monat im Gefrierschrank lagern.

i) Direkt aus dem Kühl- oder Gefrierschrank servieren. Zum Aufwärmen in einer einzigen Schicht in einer flachen Pfanne verteilen und für 2 bis 3 Minuten in einen 350-Grad-Ofen stellen.

61. Dänische mit Feta-Käse gegrillte Tomaten

ZUTATEN:
- 3 große Tomaten, halbiert
- Prise Pfeffer
- ½ Tasse Mayonnaise
- ½ Tasse dänischer Feta-Käse, fein zerbröckelt
- 1 Esslöffel gehackte Frühlingszwiebel
- ⅛ Teelöffel getrockneter Thymian

ANWEISUNGEN:
a) Tomaten leicht entkernen, dann mit Pfeffer bestreuen.
b) In einer Schüssel Mayonnaise, dänischen Feta-Käse, gehackte Frühlingszwiebeln und getrockneten Thymian vermischen.
c) Die Feta-Mischung in die Tomatenhälften geben.
d) Etwa 5 Minuten braten, bis die Oberfläche goldbraun ist.

62. Norwegischer Hummer mit Kartoffel-Sahne-Salat

ZUTATEN:
MAYONNAISE (GRUNDREZEPT):
- 3 frische Eigelb (klein)
- 1 Esslöffel Weißweinessig
- 1 Teelöffel Zitronensaft
- 1 Teelöffel fein gemahlener Dijon-Senf guter Qualität
- Meersalz und frisch gemahlener schwarzer Pfeffer
- 150 Milliliter hochwertiges Olivenöl (1/4 Pint)
- 290 Milliliter hochwertiges Salatöl (Sonnenblumenöl, aber kein Soja) (1/2 Pint)
- 1 Prise Puderzucker

NOSH-KARTOFFELSALAT:
- 450 Gramm kleine neue Kartoffeln (1 Pfund)
- 6 Frühlingszwiebeln, diagonal in dünne Scheiben geschnitten
- 150 Milliliter Mayonnaise (1/4 Pint) (siehe Rezept oben)
- 4 Esslöffel Sauerrahm
- 3 Esslöffel fein gehackter frischer Schnittlauch
- Meersalz und frisch gemahlener schwarzer Pfeffer

HUMMER:
- 1 Hummer (1,5 bis 2,5 Pfund)
- 180 Gramm Meersalz (6 oz)
- 1 Gallone Wasser
- 1 fein gehackte rote Chilischote (entkernt und entkernt)
- 2 Knoblauchzehen, zerdrückt

ANWEISUNGEN:
MAYONNAISE (GRUNDREZEPT):
a) Eigelb mit Essig verrühren und 5-10 Minuten einwirken lassen, dabei ein- bis zweimal umrühren.
b) Das Eigelb mit Salz und Senf verquirlen. Die gemischten Öle darüber träufeln und unter ständigem Rühren gründlich einarbeiten, bis die Hälfte des Öls verbraucht ist.
c) Zitronensaft hinzufügen und weiter Öl hinzufügen und verquirlen.
d) Passen Sie die Gewürze an. Wenn die Mayonnaise zu dünn aussieht oder geplatzt ist, schlagen Sie ein weiteres Eigelb in einer separaten Schüssel auf und gießen Sie die ursprüngliche Mischung nach und nach unter kräftigem Rühren hinein.

NOSH-KARTOFFELSALAT:

e) Kochen Sie die Kartoffeln in Salzwasser, bis sie weich, aber mit einer „wachsartigen" Mitte sind. In Eiswasser abschrecken, gut abtropfen lassen und die Schale abziehen. In dünne Scheiben schneiden.
f) Geschnittene Frühlingszwiebeln zur Mayonnaise und Sauerrahm geben. Mit Salz und frisch gemahlenem schwarzem Pfeffer würzen.
g) In Scheiben geschnittene Kartoffeln hinzufügen und vorsichtig, aber gründlich vermischen. Schnittlauch hinzufügen und unterheben. Wenn sich die Mischung zu trocken anfühlt, fügen Sie mehr Mayo hinzu, bis sie feucht ist.

HUMMER:

h) Hummer in einem großen Topf mit kochendem Salzwasser 10–15 Minuten bis zu einem Gewicht von 1,5 Pfund und 15–20 Minuten bis zu einem Gewicht von 2,5 Pfund kochen.
i) Der Hummer ist gar, wenn das Wasser leicht köchelt. Den Hummer halbieren.
j) Magen und Darm entfernen, den Rest ausmisten und genießen.
k) Zum Servieren fein gehacktes rotes Chili und zerdrückten Knoblauch zur Mayo-Mischung geben. Geben Sie einen Klecks in die Lücke, die durch die Entfernung des Magens entstanden ist.

63. Schwedische gebackene Bohnen

ZUTATEN:
- ¾ Tasse dünn geschnittene Zwiebeln
- ½ Tasse gewürfelte Karotten
- 1 Esslöffel gehackter Knoblauch
- 1 Esslöffel Olivenöl
- ⅓ Tasse Weißwein
- 3 Tassen gekochte schwedische Bohnen von Esther
- ⅓ Tasse dunkle Melasse
- 2 Esslöffel Sojasauce
- 1 Esslöffel Dijon-Senf
- Salz; schmecken
- Frisch gemahlener schwarzer Pfeffer; schmecken

ANWEISUNGEN:
a) Ofen vorheizen auf 350 Grad.
b) In einer Bratpfanne Zwiebeln, Karotten und Knoblauch in Olivenöl bei mäßiger Hitze anbraten, bis sie leicht gebräunt sind.
c) Mit den restlichen Zutaten vermischen und in eine leicht gebutterte oder geölte Auflaufform geben.
d) Ohne Deckel 35 bis 40 Minuten backen.

64. Norwegische Bratäpfel

ZUTATEN:
- 2 große rote Backäpfel
- 4 Unzen Gjetost-Käse, 1 Tasse gerieben
- ⅓ Tasse gehackte Pekannüsse
- ¼ Tasse Rosinen
- 2 Esslöffel brauner Zucker
- ½ Teelöffel Zimt
- ⅛ Teelöffel Muskatnuss

ANWEISUNGEN:
a) Die großen roten Backäpfel halbieren und das Kerngehäuse entfernen, so dass Apfelhälften entstehen.
b) In einer mikrowellengeeigneten 8-Zoll-Schale den geriebenen Gjetost-Käse, gehackte Pekannüsse, Rosinen, braunen Zucker, Zimt und Muskatnuss vermischen.
c) Geben Sie gleiche Portionen der Mischung in und über jede Apfelhälfte.
d) 5 bis 6 Minuten lang auf höchster Stufe in der Mikrowelle erhitzen und die Schüssel nach 3 Minuten drehen (oder einen Drehteller verwenden).
e) Mit Plastikfolie abdecken und 3 Minuten stehen lassen.

65. Dänische Kohlrouladen

ZUTATEN:

- 1 mittelgroßer Grünkohl
- ½ Teelöffel Salz
- 2 Esslöffel Margarine
- ½ Tasse gehackte Zwiebel
- ¾ Tasse gewürfelter Sellerie
- 1 Karotte, grob geraspelt
- 1 Pfund mageres Rinderhackfleisch
- ½ Pfund geschnittener Havarti-Käse
- ¾ Tasse Bier
- ½ Tasse Chilisauce
- ½ Tasse zerkleinertes Havarti

ANWEISUNGEN:

a) Den Kohl kalt abspülen und die äußeren Blätter entfernen.
b) Geben Sie den Kohl in einen großen Wasserkocher mit 2 Tassen kochendem Wasser. Fest abdecken. Zum Kochen bringen und Hitze reduzieren. Etwa 3 Minuten kochen lassen.
c) Beginnen Sie mit dem Schälen der Blätter und legen Sie sie auf ein großes Backblech. Mit einem scharfen Messer die dicken Rippen abschneiden, damit sich die gefüllten Kohlblätter leichter rollen lassen.
d) Ordnen Sie 8 große Blätter an und legen Sie kleinere Blätter darauf.
e) In einer großen Pfanne Margarine schmelzen. Zwiebel, Sellerie und Karotte hinzufügen.
f) Rindfleisch hinzufügen und anbraten. Ohne Deckel ca. 5 Minuten garen.
g) Auf jedes Kohlblatt eine Scheibe Havarti-Käse legen. Füllen Sie jeden mit etwa einer halben Tasse der Fleischmischung.
h) Falten Sie zwei Seiten über die Füllung und rollen Sie sie auf. Kohlrouladen mit der Nahtseite nach unten in eine Auflaufform (21 x 30 cm) legen.
i) Bier einfüllen. Decken Sie die Form fest mit Folie ab.
j) 30 Minuten bei 350 Grad backen.
k) Folie entfernen und Bier über den Kohl löffeln.
l) Geben Sie die mit geriebenem Käse vermischte Chilisauce darüber.
m) Zurück in den Ofen und ohne Deckel weitere 5 Minuten backen.
n) Genießen Sie Ihre dänischen Kohlrouladen!

66. Schwedischer Krautsalat mit Fenchel

ZUTATEN:
- 1 ganzer Fenchel
- 1 Karotte
- 1 Knoblauchzehe
- 2 Esslöffel getrocknete Cranberries
- 2 Esslöffel Rotweinessig
- 2 Esslöffel Honig
- 2 Esslöffel Pflanzenöl
- Salz und Pfeffer nach Geschmack

ANWEISUNGEN:
a) Den Fenchel fein schneiden.
b) Reiben Sie die Karotten.
c) Die Knoblauchzehe reiben.
d) In einer mittelgroßen Rührschüssel Fenchel, Karotte, Preiselbeeren und Knoblauch vermischen.
e) Bereiten Sie in einer separaten Schüssel das Dressing vor, indem Sie Rotweinessig, Honig, Pflanzenöl, Salz und Pfeffer vermischen.
f) Geben Sie das Dressing zur Krautsalatmischung und passen Sie es je nach Geschmack an.
g) Lassen Sie es mindestens 4 Stunden ruhen, damit sich die Aromen vermischen und der Fenchel mariniert wird.

67.Schwedische Rutabagas

ZUTATEN:
- 2 mittelgroße Rutabagas, geschält, geviertelt und in 0,6 cm dicke Scheiben geschnitten
- 2 Esslöffel brauner Zucker
- ½ Teelöffel gemahlener Ingwer
- ½ Teelöffel Salz
- ⅛ Teelöffel Pfeffer
- 2 Esslöffel Butter

ANWEISUNGEN:

a) Steckrüben in kochendem Salzwasser kochen; Abfluss.
b) In einer Schüssel braunen Zucker, Ingwer, Salz und Pfeffer vermischen. Gründlich mischen.
c) Die Zucker-Gewürz-Mischung zusammen mit der Butter zu den Steckrüben geben.
d) Bei schwacher Hitze vorsichtig rühren, bis der Zucker schmilzt, etwa 2 bis 3 Minuten.

68. Dänischer Gurkensalat

ZUTATEN:
- 3 große Gurken, geschält
- Salz
- ⅔ Tasse weißer Essig
- ½ Tasse Wasser
- ½ Tasse) Zucker
- ½ Teelöffel Salz
- ¼ Teelöffel weißer Pfeffer
- 2 Esslöffel frisches Dillblatt, gehackt oder
- 1 Esslöffel getrockneter Dill
- Rote/gelbe Kirschtomaten (zum Garnieren)

ANWEISUNGEN:
a) Die Gurken sehr dünn schneiden. Ordnen Sie sie schichtweise in einer Schüssel (nicht aus Aluminium) an und bestreuen Sie jede Schicht mit Salz.
b) Legen Sie einen Teller auf die Gurken und ein schweres Gewicht über die Schüssel. Lassen Sie sie mehrere Stunden oder über Nacht im Kühlschrank bei Raumtemperatur stehen.
c) Gurken gründlich abtropfen lassen. Auf Papiertüchern trocken tupfen. Zurück in eine Schüssel geben.
d) In einer kleinen Pfanne Essig, Wasser, Zucker, Salz und Pfeffer zum Kochen bringen.
e) Die Hitze reduzieren und unter Rühren 3 Minuten köcheln lassen, bis sich der Zucker aufgelöst hat.
f) Die heiße Mischung über die Gurken gießen.
g) Mit gehacktem Dill bestreuen. 3 bis 4 Stunden kalt stellen.
h) Gurken abtropfen lassen und in einer Glasschüssel servieren, umgeben von Kirschtomaten.

69. Norwegische Petersilienkartoffeln

ZUTATEN:
- 2 Pfund kleine rote Frühkartoffeln
- ½ Tasse Butter oder Margarine
- ¼ Tasse frische Petersilie, gehackt
- ¼ Teelöffel getrockneter Majoran

ANWEISUNGEN:

a) Kochen Sie die Kartoffeln in kochendem Salzwasser 15 Minuten lang oder bis sie weich sind.

b) Die Kartoffeln leicht abkühlen lassen. Entfernen Sie mit einem scharfen Messer einen schmalen Streifen Haut in der Mitte jeder Kartoffel.

c) In einer großen Pfanne Butter schmelzen. Petersilie und Majoran hinzufügen.

d) Fügen Sie die Kartoffeln hinzu und rühren Sie vorsichtig um, bis sie bedeckt und durchgewärmt sind.

FRUCHTSUPPEN

70. Dänische Apfelsuppe

ZUTATEN:
- 2 große Äpfel, entkernt und entkernt
- 2 Tassen Wasser
- 1 Zimtstange
- 3 ganze Nelken
- ⅛ Teelöffel Salz
- ½ Tasse) Zucker
- 1 Esslöffel Maisstärke
- 1 Tasse frische Pflaumen, ungeschält und in Scheiben geschnitten
- 1 Tasse frische Pfirsiche, geschält und geschnitten
- ¼ Tasse Portwein

ANWEISUNGEN:
a) Äpfel, Wasser, Zimtstange, Nelken und Salz in einem mittelgroßen Topf vermengen.
b) Zucker und Maisstärke vermischen und zur pürierten Apfelmischung geben.
c) Die Pflaumen und Pfirsiche hinzufügen und köcheln lassen, bis diese Früchte weich sind und die Mischung leicht eingedickt ist.
d) Den Portwein hinzufügen .
e) Belegen Sie die einzelnen Portionen mit einem Klecks heller Sauerrahm oder fettfreiem Vanillejoghurt.

71. Norwegische Blaubeersuppe

ZUTATEN:
- 1 Umschlag geschmacksneutrale Gelatine
- ¼ Tasse kaltes Wasser
- 4 Tassen frischer Orangensaft
- 3 Esslöffel frischer Zitronensaft
- ¼ Tasse Zucker
- 2 Tassen frische Blaubeeren, gewaschen
- Frische Minze zum Garnieren

ANWEISUNGEN:

a) Die Gelatine in einem Puddingbecher in kaltem Wasser einweichen. In einen Topf mit heißem (nicht kochendem) Wasser geben, bis es geschmolzen und gebrauchsfertig ist.
b) Orangensaft, Zitronensaft und Zucker mit der geschmolzenen Gelatine vermischen. Rühren, bis sich Zucker und Gelatine aufgelöst haben.
c) Kühlen, bis die Mischung anfängt einzudicken.
d) Blaubeeren unter die Mischung heben.
e) Bis zum Servieren kalt stellen.
f) In gekühlte Bouillonbecher füllen und mit frischer Minze garnieren.
g) Genießen Sie Ihre erfrischende norwegische Blaubeersuppe!

72. Dänische Apfelsuppe mit Obst und Wein

ZUTATEN:
- 2 große Äpfel, entkernt, entkernt und in große Würfel geschnitten
- 2 Tassen Wasser
- 1 Zimtstange (5 cm)
- 3 ganze Nelken
- 1/8 Teelöffel Salz
- ½ Tasse) Zucker
- 1 Esslöffel Maisstärke
- 1 Tasse frische Pflaumen, ungeschält und in Achtel geschnitten
- 1 Tasse frische Pfirsiche, geschält und in große Würfel geschnitten
- ¼ Tasse Portwein

ANWEISUNGEN:
a) Äpfel, Wasser, Zimtstange, Nelken und Salz in einem mittelgroßen Topf vermischen.
b) Abdecken und bei mittlerer Hitze kochen, bis die Äpfel weich sind.
c) Entfernen Sie die gesamten Gewürze und pürieren Sie die heiße Mischung durch ein grobes Sieb.
d) Zucker und Maisstärke vermischen und zur pürierten Apfelmischung geben.
e) Die Pflaumen und Pfirsiche hinzufügen und köcheln lassen, bis diese Früchte weich sind und die Mischung leicht eingedickt ist. Dies wird sehr kurze Zeit in Anspruch nehmen.
f) Den Portwein dazugeben und nach Süße abschmecken, bei Bedarf noch mehr Zucker hinzufügen. Denken Sie jedoch daran, dass der Geschmack dieser Apfelsuppe säuerlich sein sollte.
g) Gut durchkühlen lassen.
h) Belegen Sie die einzelnen Portionen mit einem Klecks heller Sauerrahm oder fettfreiem Vanillejoghurt.
i) Sahne oder Joghurt leicht mit etwas Muskatnuss bestäuben.

73.Dänische süße Suppe

ZUTATEN:
- 1 Liter roter Fruchtsaft
- ½ Tasse Rosinen, goldgelb
- ½ Tasse Johannisbeeren
- ½ Tasse Pflaumen; oder Pflaumen, entkernt und gehackt
- ½ Tasse) Zucker
- 3 Esslöffel Tapioka, Minute
- 2 Scheiben Zitrone
- Kleine Zimtstange

ANWEISUNGEN:

a) Fruchtsaft, Rosinen, Johannisbeeren, Pflaumen und Zucker vermischen.
b) Einige Minuten köcheln lassen und dann ein paar Zitronenscheiben und eine kleine Zimtstange hinzufügen.
c) Tapioka hinzufügen.
d) Kochen Sie weiter, bis die Tapioka klar gekocht ist, und rühren Sie dabei um, damit die Tapioka nicht anhaftet.
e) In Schüsseln verteilen und mit Sahne oder Cool Whip servieren.

74. Norwegische Obstsuppe (Sotsuppe)

ZUTATEN:
- 1 Tasse entkernte Trockenpflaumen
- ¾ Tasse Rosinen
- ¾ Tasse getrocknete Aprikosen
- Kaltes Wasser
- ¼ Tasse schnell kochende Tapioka, ungekocht
- 2 Tassen Wasser
- 2 Esslöffel Zitronensaft
- 1 Tasse Traubensaft
- 1 Teelöffel Essig
- ½ Tasse) Zucker
- 1 Zimtstange

ANWEISUNGEN:

a) Pflaumen, Rosinen und Aprikosen in einem 3-Liter-Topf vermengen. Fügen Sie ausreichend Wasser hinzu, um etwa 3 Tassen zu bedecken. Zum Kochen bringen und 30 Minuten leicht köcheln lassen.

b) In einem kleinen Topf 2 Tassen Wasser zum Kochen bringen. Tapioka einrühren und 10 Minuten köcheln lassen.

c) Sobald die Früchte weich sind, fügen Sie die gekochte Tapioka, den Zitronensaft, den Traubensaft, den Essig, den Zucker und die Zimtstange hinzu. Zum Kochen bringen und dann weitere 15 Minuten köcheln lassen. Entfernen Sie die Zimtstange. Die Mischung wird beim Abkühlen dicker; Fügen Sie etwas mehr Wasser oder Traubensaft hinzu, wenn es zu dick erscheint.

d) Heiß oder kalt servieren. Wenn es kalt serviert wird, kann es mit Schlagsahne garniert werden.

NACHTISCH

75. Schwedische Früchte in Likör

ZUTATEN:

- 1 Pint Blaubeeren, geschält
- 1 Pint Himbeeren, geschält
- 1 Pint Erdbeeren, geschält
- 1 Pint Rote Johannisbeere
- 1 Tasse Kristallzucker
- ⅔ Tasse Brandy
- ⅔ Tasse Licht Rum
- Schlagsahne zum Garnieren

ANWEISUNGEN:

a) Beeren und rote Johannisbeeren in eine Glasschüssel geben.
b) Zucker, Brandy und Rum hinzufügen und gelegentlich umrühren.
c) Über Nacht im Kühlschrank ziehen lassen.

76. Schwedische Schokoladendessert-Konungens-Törtchen

ZUTATEN:
- 2¼ Tasse Pillsburys bestes Allzweckmehl
- ½ Tasse Zucker
- ⅓ Tasse Kakao
- ½ Teelöffel Doppelt wirkendes Backpulver
- ½ Teelöffel Salz
- ¾ Tasse Butter
- 1 Ei; leicht geschlagen
- 1 Esslöffel Milchfüllung
- 1 Ei
- ¼ Tasse Zucker
- ¼ Tasse Pillsburys bestes Allzweckmehl
- 1 Tasse Milch
- 1 Teelöffel Französische Vanille
- ½ Tasse Schlagsahne -Für Schokoladenfüllung---
- 3 Esslöffel Kakao
- 3 Esslöffel Zucker -Schokoladenglasur---
- 2 Esslöffel Butter; geschmolzen
- 2 Esslöffel Kakao
- ½ Tasse Puderzucker
- 1 Eigelb
- ¼ Teelöffel Französische Vanille

ANWEISUNGEN:
a) 12 bis 15 Minuten bei 375 Grad backen.
b) Mehl, Zucker, Kakao, Backpulver und Salz vermischen.
c) Butter einschneiden, bis die Partikel die Größe kleiner Erbsen haben.
d) Fügen Sie 1 leicht geschlagenes Ei und 1 Esslöffel Milch hinzu; Mit einer Gabel oder einem Teigmixer vermischen.
e) Auf ein großes, ungefettetes Backblech legen.
f) Auf einem Backblech mit einem bemehlten Nudelholz ein Rechteck von 15 x 11 Zoll ausrollen.
g) Schneiden Sie die Kanten mit einem Messer oder einem Teigrädchen ab. In drei 11 x 5 Zoll große Rechtecke schneiden.
h) Im mäßigen Ofen bei 375 Grad 12 bis 15 Minuten backen.
i) Auf dem Backblech abkühlen lassen. Mit einem Spatel vorsichtig lösen.

j) Stapeln Sie Schichten auf mit Aluminiumfolie bedecktem Karton und verteilen Sie die Füllung zwischen den Schichten bis auf einen Abstand von ¼ Zoll zum Rand.
k) Frostoberteil. Nach Belieben mit gerösteten Mandelblättchen dekorieren. Kühlen, bis der Zuckerguss fest geworden ist.
l) Locker in Alufolie einwickeln; über Nacht kalt stellen.

FÜLLUNG:
m) 1 Ei schaumig schlagen.
n) Nach und nach Zucker hinzufügen und dabei ständig schlagen, bis die Masse dick und leicht ist. Mehl untermischen.
o) Geben Sie nach und nach die im Wasserbad überbrühte Milch hinzu.
p) Geben Sie die Mischung wieder in den Wasserbad zurück. Über kochendem Wasser unter ständigem Rühren kochen, bis es dick und glatt ist. Vanille hinzufügen; Cool.
q) ½ Tasse Schlagsahne dick schlagen und unter die Füllung heben.
r) Kombinieren Sie ½ Tasse Schlagsahne, Kakao und Zucker. Schlagen, bis es dick ist.

SCHOKOLADENGLASUR:
s) Zerlassene Butter, Kakao, Puderzucker, Eigelb und Vanille vermischen. Schlagen, bis alles glatt ist.

77. Dänischer Blauschimmelkäsekuchen

ZUTATEN:
KRUSTE
- 11 Unzen Pumpernickelbrot (1 Laib)
- ½ Tasse Butter (keine Margarine)

KÄSEKUCHEN:
- 2 Umschläge geschmacksneutrale Gelatine
- ½ Tasse kaltes Wasser
- 4 Unzen Frischkäse
- ¼ Tasse Kristallzucker
- 4 Unzen dänischer Blauschimmelkäse
- 1 Tasse Sahne
- 1 Pfund kernlose grüne Trauben

ANWEISUNGEN:
KRUSTE
a) Den Ofen auf 250 Grad F vorheizen.
b) Trocknen Sie die Brotscheiben im Ofen, bis sie hart genug sind, um leicht zu zerbröckeln (ca. 20 bis 25 Minuten).
c) Schmelze die Butter.
d) Das Brot zerkrümeln, so dass etwa 1½ Tassen Krümel entstehen.
e) Die geschmolzene Butter und den Zucker dazugeben und gut vermischen.
f) Drücken Sie die Krümel in eine 9-Zoll-Kuchenform.
g) Erhöhen Sie die Ofentemperatur auf 350 Grad F und backen Sie die Kruste 15 Minuten lang.
h) Vor dem Befüllen abkühlen lassen.

KÄSEKUCHEN:
i) In einem mittelgroßen Topf die Gelatine mit Wasser vermischen und bei mittlerer bis hoher Hitze unter ständigem Rühren kochen, bis die Mischung klar ist (ca. 6 bis 8 Minuten). Cool.
j) In einer großen Rührschüssel den Frischkäse schlagen, bis er leicht und glatt ist.
k) Den Blauschimmelkäse gut zerdrücken und mit dem Frischkäse vermischen.
l) Die abgekühlte Gelatinemischung mit dem Käse in die Schüssel geben und gut vermischen.
m) Die Sahne steif schlagen und unter die Käsemasse heben.
n) Gießen Sie die Füllung vorsichtig in die vorbereitete Kruste.
o) Drücken Sie die Weintrauben aufrecht in den Kuchen, sodass die Spitzen sichtbar bleiben.
p) Den Kuchen mehrere Stunden lang oder bis er fest ist kalt stellen.

78. Norwegischer Mandelpudding

ZUTATEN:
- ¼ Tasse Maisstärke
- 1 Tasse Milch
- 2 Eier, getrennt
- 1 Tasse Sahne
- ½ Tasse) Zucker
- ¼ Tasse Mandeln, fein gemahlen
- 1 Esslöffel Rum

ANWEISUNGEN:
a) Eiweiß steif schlagen; beiseite legen.
b) Maisstärke mit ¼ Tasse Milch zu einer glatten Paste verrühren. Eigelb unterrühren.
c) In einem Topf die restliche Milch, Sahne, Zucker und fein gemahlene Mandeln vermischen. Zum Kochen bringen.
d) Reduzieren Sie die Hitze und rühren Sie die Maisstärkemischung ein. 5 Minuten auf kleiner Flamme unter ständigem Rühren kochen.
e) Vom Herd nehmen und Rum einrühren.
f) Das steif geschlagene Eiweiß unterheben.
g) Die Mischung in eine Servierschüssel füllen und kalt stellen.
h) Mit einer warmen Fruchtsauce servieren.
i) Genießen Sie Ihren köstlichen norwegischen Mandelpudding!

79. Schwedischer Biskuitkuchen

ZUTATEN:
- 4 Eier; getrennt
- ½ Teelöffel Salz
- 4 Esslöffel kaltes Wasser
- 1 Tasse Kuchenmehl; oder 3/4 Tasse Allzweckmehl plus 1/4 Tasse Maisstärke
- 1 Teelöffel Zitronenextrakt
- 1 Tasse Zucker; gesiebt

ANWEISUNGEN:
a) Eigelb mit kaltem Wasser schlagen, bis es dick und hellgelb ist.
b) Zitronenextrakt zur Eigelbmischung hinzufügen.
c) Nach und nach gesiebten Zucker und Salz zum Eigelb geben und gründlich verrühren.
d) Das Kuchenmehl viermal sieben und unter die Eigelbmischung heben.
e) 4 Eiweiß schlagen, bis sich Spitzen bilden, ABER NICHT TROCKEN. Vorsichtig unter die Eigelbmischung heben.
f) In eine Röhrenpfanne oder eine große flache 9x13-Zoll-Pfanne gießen und NUR den Boden einfetten.
g) Im 325-Grad-Ofen 45 Minuten backen.
h) Drehen Sie die Rohrform um, bis der Kuchen abgekühlt ist.

80. Vegane schwedische Zimtschnecken (Kanelbullar)

ZUTATEN:
TEIG
- 1 Tasse ungesüßte Mandelmilch, leicht warm (100-110°F)
- ¼ Tasse vegane Butter, geschmolzen
- 2 Esslöffel Bio-Zucker
- 1 Teelöffel Instant-Trockenhefe ½ Teelöffel koscheres Salz
- 2¾ Tassen Allzweckmehl, geteilt

FÜLLUNG
- 6 Esslöffel vegane Butter, Zimmertemperatur
- 6 Esslöffel dunkelbrauner Bio-Zucker
- 1 Esslöffel gemahlener Zimt

Eier waschen
- 2 Esslöffel ungesüßte Mandelmilch
- 1 Teelöffel Agavennektar

GLASUR
- 2 Esslöffel ungesüßte Mandelmilch ½ Tasse Puderzucker
- ¼ Teelöffel Vanilleextrakt, schwedischer Hagelzucker, zum Bestreuen

ANWEISUNGEN:
a) Mandelmilch, geschmolzene Butter und Zucker aus den Teigzutaten in einer großen Rührschüssel verrühren.

b) Streuen Sie die Hefe in die Milchmischung und lassen Sie sie 5 Minuten lang aufgehen.

c) Fügen Sie koscheres Salz und 2¼ Tassen Mehl zur Milch-Hefe-Mischung hinzu und verrühren Sie alles, bis alles gut vermischt ist.

d) Decken Sie die Schüssel mit einem Handtuch oder einer Plastikfolie ab und stellen Sie sie an einen warmen Ort, um eine Stunde lang oder bis sie ihr Volumen verdoppelt hat, aufzugehen.

e) Decken Sie den Teig ab und kneten Sie eine halbe Tasse Allzweckmehl unter den aufgegangenen Teig. Kneten Sie weiter, bis es seine Klebrigkeit verliert. Möglicherweise müssen Sie zusätzliches Mehl hinzufügen.

f) Rollen Sie den Teig zu einem großen Rechteck mit einer Dicke von etwa ½ Zoll aus. Fixieren Sie die Ecken, um sicherzustellen, dass sie scharf und eben sind.

g) Die weiche vegane Butter aus den Füllzutaten auf dem Teig verteilen und gleichmäßig mit braunem Zucker und Zimt bestreuen.

h) Den Teig zu einer Rolle aufrollen und die Naht zusammendrücken. Mit der Nahtseite nach unten legen. Eventuelle Unebenheiten an beiden Enden abschneiden.
i) Schneiden Sie den Stamm in zwei Hälften und teilen Sie dann jede Hälfte in 8 gleichmäßig große Stücke mit einer Dicke von jeweils etwa 1½ Zoll.
j) Legen Sie Backpapier auf das Tablett und legen Sie die Zimtschnecken darauf.
k) Mit Frischhaltefolie abdecken und an einem warmen Ort 30 Minuten gehen lassen.
l) Wählen Sie die Vorheizfunktion am Heißluftfritteusen-Toaster, stellen Sie die Temperatur auf 375 °F ein und drücken Sie Start/Pause.
m) Die Zutaten für das Eierwaschmittel verquirlen und die Oberfläche der Zimtschnecken leicht mit dem Waschmittel bestreichen.
n) Schieben Sie das Backblech mit den Zimtschnecken in die mittlere Position in den vorgeheizten Backofen.
o) Wählen Sie die Funktion „Backen", stellen Sie die Zeit auf 18 Minuten ein und drücken Sie Start/Pause.
p) Entfernen Sie es, wenn Sie fertig sind.
q) Mandelmilch, Puderzucker und Vanilleextrakt aus den Glasurzutaten verrühren, um die Glasur herzustellen, die Zimtschnecken damit bestreichen und die Brötchen dann mit schwedischem Perlzucker bestreuen.
r) Vor dem Servieren abkühlen lassen oder warm essen.

81. Schwedischer Blätterteigkaffeekuchen

ZUTATEN:
- 1 Tasse Allzweckmehl
- 1/2 Tasse kalte Butter, gewürfelt
- 2 Esslöffel Eiswasser

BELAG:
- 1 Tasse Wasser
- 1/2 Tasse Butter
- 1 Teelöffel Mandelextrakt
- 1 Tasse Allzweckmehl
- 3 große Eier

GLASUR:
- 1 Tasse Puderzucker
- 2 Esslöffel Butter, weich
- 1 Esslöffel 2 % Milch
- 1 Teelöffel Mandelextrakt
- 1 Tasse gesüßte Kokosraspeln

ANWEISUNGEN:
a) Einen Backofen auf 375° vorheizen.
b) Mehl in eine kleine Schüssel geben; Butter einschneiden, bis sie krümelig ist. Geben Sie langsam Eiswasser hinzu und schwenken Sie es mit einer Gabel, bis der Teig beim Drücken zusammenhält. Den Teig in 10-Zoll-Form drücken. Kreise auf das ungefettete Backblech legen.
c) Belag: Butter und Wasser in einem großen Topf zum Kochen bringen. Vom Herd nehmen; Extrakt untermischen. Auf einmal Mehl hinzufügen; schlagen, bis alles vermischt ist. Bei mittlerer Hitze kochen, bis die Mischung eine Kugel bildet und sich unter kräftigem Mischen vom Pfannenrand löst. Vom Herd nehmen; 5 Minuten stehen lassen.
d) Fügen Sie nach und nach die Eier hinzu. Nacheinander gut schlagen, bis eine glatte Masse entsteht. Schlagen, bis es glänzend und glatt ist; auf dem Teig verteilen.
e) 30-35 Minuten backen, bis es leicht gebräunt ist; Während der letzten 5 Minuten bei Bedarf locker mit Folie abdecken, um eine Überbräunung zu vermeiden. Von der Pfanne auf den Rost übertragen; vollständig abkühlen lassen.
f) Glasur: Extrakt, Milch, Butter und Puderzucker in einer kleinen Schüssel glatt rühren. Darauf verteilen; Mit Kokosnuss bestreuen.

82. Schwedischer Käsepudding

ZUTATEN:
- 2 Tassen Milch
- 2 Eier, gut geschlagen
- Salz, nach Geschmack
- Prise Paprika
- 1 Tasse Käse, gerieben

ANWEISUNGEN:
a) Milch und gut geschlagene Eier verrühren.
b) Salz, Paprika und geriebenen Käse hinzufügen. Gründlich mischen.
c) Gießen Sie die Mischung in eine gut geölte Form.
d) Mit Papier abdecken und in einen Topf mit heißem Wasser legen.
e) In einem 350 °F heißen Ofen backen, bis es fest ist.
f) Abkühlen lassen, aus der Form nehmen und über dem Salat mit dem gewünschten Dressing servieren.

83. Schwedische Sahne mit Beeren

ZUTATEN:
- 1 Umschlag geschmacksneutrale Gelatine
- ¼ Tasse kaltes Wasser
- 2⅓ Tassen Schlagsahne
- 1 Karton gefrorene Erdbeeren oder 2 Kartons (klein) frische Erdbeeren
- 1 Tasse Zucker
- 1 Pint Sauerrahm
- 1 Teelöffel Vanilleextrakt

ANWEISUNGEN:

a) Gelatine in Wasser auflösen und 5 Minuten stehen lassen, damit sie weich wird.

b) Sahne in einen Topf geben; Zucker und Gelatine hinzufügen. Unter leichtem Rühren vorsichtig erhitzen, bis eine cremige Konsistenz entsteht.

c) Vom Herd nehmen und abkühlen lassen, bis eine dicke Masse entsteht. Für 30 bis 60 Minuten in den Kühlschrank stellen, um das Eindicken zu beschleunigen.

d) Wenn die Masse teilweise eingedickt ist, Sauerrahm und Vanille unterheben.

e) In Sorbetgläser füllen und dabei Platz für die Beeren lassen. 8 Stunden kalt stellen.

f) Aus dem Kühlschrank nehmen und die Beeren über die schwedische Creme geben. Der Saft aus den Beeren verleiht Geschmack.

84. Dänische Zapfen

ZUTATEN:
- ½ Tasse Butter
- ½ Tasse) Zucker
- 5 Eiweiß
- 1 Tasse Mehl

ANWEISUNGEN:

a) Butter schaumig rühren, dann Zucker hinzufügen und gut verrühren.
b) Gesiebtes Mehl hinzufügen und steif geschlagenes Eiweiß unterheben.
c) Den Teig in einer mit Butter bestrichenen Kuchenform verteilen und bei mittlerer Hitze im Ofen backen, bis er sehr hellbraun ist.
d) Noch warm in Quadrate schneiden und zu Krammerhus oder Zapfen formen.
e) Kurz vor dem Servieren mit leicht gesüßter und aromatisierter Schlagsahne auffüllen.

85. Norwegischer Weihnachtspudding

ZUTATEN:
- 1 Pfund Butter
- 2 Tassen Wasser
- 6 Esslöffel Mehl
- 1¼ Tassen Mehl
- 6 Tassen Milch
- ½ Teelöffel Salz
- 1 geschlagenes Ei
- 2 Teelöffel Zucker
- Zimt

ANWEISUNGEN:

a) Butter und Wasser zusammen schmelzen, 5 Minuten zum Kochen bringen.

b) 6 Esslöffel Mehl hinzufügen und mit einem Schneebesen unterrühren. Lassen Sie es einige Minuten ruhen und entfernen Sie das austretende Fett (dieses wird später verwendet).

c) Fügen Sie 1¼ Tassen Mehl hinzu und rühren Sie erneut um.

d) Erhitzte Milch hinzufügen. Verwenden Sie einen Elektromixer, um Klumpenbildung zu vermeiden. Unter Rühren Salz, geschlagenes Ei und Zucker hinzufügen.

e) Geben Sie die Mischung zum Warmhalten in einen Schmortopf und gießen Sie das entrahmte Fett über den Pudding. Nach Geschmack Zucker und Zimt hinzufügen.

f) Genießen Sie Ihren norwegischen Weihnachtspudding!

86. Schwedische Preiselbeer-Pavlova

ZUTATEN:
- 6 Eiweiß
- 1 1/2 Tassen Kristallzucker
- 1 Esslöffel Maisstärke
- 1 Teelöffel weißer Essig
- 1 Tasse Schlagsahne
- 1/2 Tasse Preiselbeermarmelade
- Frische Preiselbeeren zum Garnieren

ANWEISUNGEN:

a) Den Backofen auf 300°F (150°C) vorheizen. Ein Backblech mit Backpapier auslegen.
b) In einer großen Rührschüssel das Eiweiß schlagen, bis sich weiche Spitzen bilden.
c) Geben Sie nach und nach den Zucker hinzu, einen Esslöffel nach dem anderen, und schlagen Sie dabei das Eiweiß weiter, bis sich steife Spitzen bilden.
d) Maisstärke und weißen Essig vorsichtig unterheben.
e) Geben Sie die Baiser-Mischung auf das vorbereitete Backblech und formen Sie daraus einen runden Pavlova-Boden mit leicht erhöhten Rändern.

1 Stunde backen oder bis die Pavlova außen knusprig und innen leicht weich ist. Schalten Sie den Ofen aus und lassen Sie die Pavlova im Ofen vollständig abkühlen.

Sobald die Pavlova abgekühlt ist, geben Sie sie vorsichtig auf einen Servierteller. Die Mitte mit Schlagsahne füllen und mit Preiselbeermarmelade belegen.

Mit frischen Preiselbeeren garnieren und servieren.

87. Schwedischer Schokoladenkuchen

ZUTATEN:
- 1 Tasse Backfett
- 1½ Tasse Zucker
- 3 Eier
- 2 Unzen Backschokolade (ungesüßt), geschmolzen
- 2 Tassen Kuchenmehl
- 2 Teelöffel Backpulver
- 1 Teelöffel Salz
- ¼ Teelöffel Backpulver
- 1 Tasse Sahne, stark
- 2 Teelöffel Vanilleextrakt

ANWEISUNGEN:
a) Heizen Sie den Ofen auf 325 Grad F vor. Buttern Sie eine Gugelhupfform mit Butter und bestreuen Sie sie mit etwa 2 Esslöffeln trockenen Semmelbröseln, um sicherzustellen, dass sie gut bedeckt ist.
b) In einer großen Schüssel Zucker und Backfett schaumig rühren.
c) Die Eier einzeln unterrühren und nach jeder Zugabe gut verrühren.
d) Die geschmolzene Schokolade unterrühren.
e) Kuchenmehl, Backpulver, Salz und Natron vermischen.
f) Sahne und Vanilleextrakt verrühren.
g) Abwechselnd die Sahnemischung und die gesiebten trockenen Zutaten zur Schokoladenmischung geben, dabei mit den trockenen Zutaten beginnen und enden.
h) Den Teig in die vorbereitete Form füllen.
i) 50-60 Minuten backen oder bis ein in die Mitte gesteckter Zahnstocher sauber herauskommt.
j) Lassen Sie den Kuchen einige Minuten in der Form abkühlen, bevor Sie ihn herausnehmen.

88. Norwegischer Kaffeekuchen „Kringlas"

ZUTATEN:

- ½ Tasse Margarine
- 1 Tasse Zucker
- 1 Teelöffel Vanille
- 1 Ei
- 1 Tasse Buttermilch
- 1 Teelöffel Backpulver
- 3 Tassen Mehl
- 2½ Teelöffel Backpulver
- 1 Teelöffel Salz

ANWEISUNGEN:

a) Vanille und Ei verrühren, bis alles gut vermischt ist. Fügen Sie Buttermilch und Soda (oder 7up) hinzu und sieben Sie die trockenen Zutaten in diese Mischung.

b) Die restlichen Zutaten hinzufügen und gut vermischen. Den Behälter in den Kühlschrank stellen und über Nacht kalt stellen.

c) Nehmen Sie den gekühlten Teig heraus und rollen Sie kleine Stücke zu langen Streifen. Formen Sie sie zu einer Acht (wie eine Brezel). Stellen Sie sie etwa eine Stunde lang in den Kühlschrank, damit sie die gewünschte Höhe erreichen können.

d) Heizen Sie den Ofen auf 450 Grad Fahrenheit vor. Die Kringlas im vorgeheizten Backofen etwa 6 bis 8 Minuten backen. Behalten Sie sie im Auge, da die Backzeiten je nach Wetterbedingungen variieren können. Bevor sie aus dem Ofen genommen werden, sollten sie hellbraun sein.

e) Die Kühlung ist ein wichtiger Schritt bei der Herstellung von „Kringla". Sie können sie zwar auch ohne Kühlung backen, aber der Geschmack verstärkt sich, wenn sie gekühlt sind. Genießen Sie Ihren hausgemachten norwegischen Kaffeekuchen „Kringlas"!

89. Dänischer Apfel-Pflaumen-Kuchen

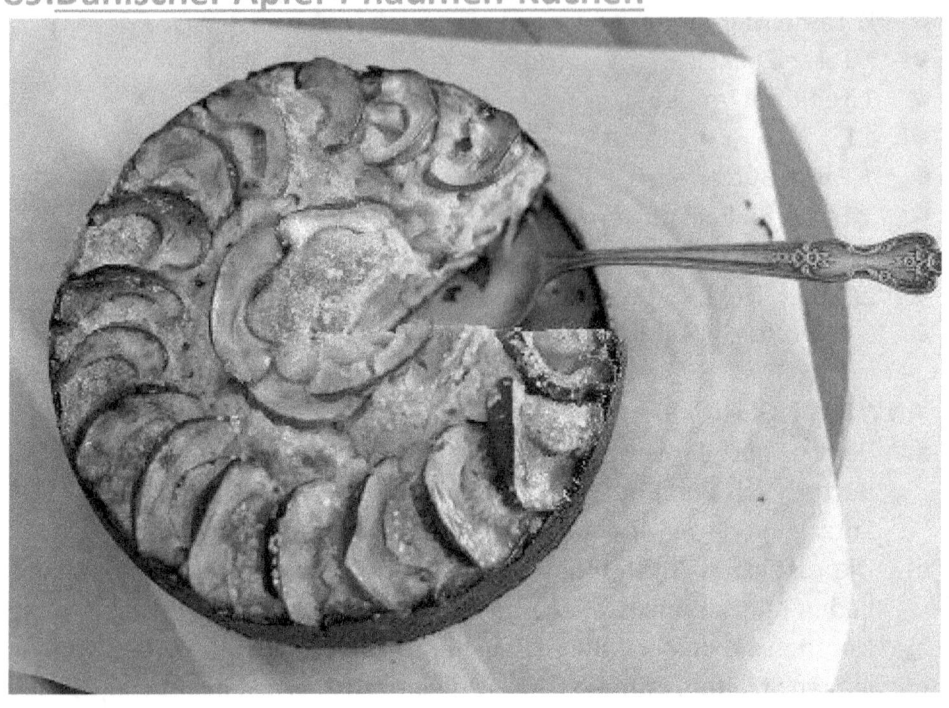

ZUTATEN:
- 5 Unzen Butter
- 7 Unzen Puderzucker
- 2 Eier, gut geschlagen
- 3 Unzen selbstaufziehendes Mehl
- 4 Unzen gemahlene Mandeln
- 4 Unzen Milch
- 1 Teelöffel Vanille
- 1 Esslöffel kochendes Wasser
- ½ Teelöffel Backpulver
- 8 entsteinte Pflaumen, gehackt
- 4 Unzen geschälte Walnüsse, fein gehackt und mit 2 Esslöffeln Zucker vermischt
- 2 grüne Äpfel, entkernt und in Scheiben geschnitten
- 3 Esslöffel Zucker
- Zimt
- Butter

ANWEISUNGEN:

a) Alle Zutaten für den Teig in einer Küchenmaschine schaumig schlagen und 10 Sekunden lang laufen lassen.
b) Führen Sie einen Spatel um die Schüssel und verarbeiten Sie ihn weitere 5 Sekunden lang.
c) Gießen Sie den Teig in eine gut gebutterte runde Kuchenform mit einem Durchmesser von 25 cm.
d) Die Pflaumen auf den Teig legen.
e) Die Walnuss-Zucker-Mischung darüber geben.
f) Die Apfelscheiben auf den Walnüssen anrichten.
g) Im vorgeheizten 375-Grad-Ofen 45 Minuten backen.
h) Die Oberfläche mit Zucker und Zimt bestreuen.
i) Mit Butter bestreichen und weitere 20 bis 25 Minuten backen, oder bis ein Spieß sauber herauskommt.
j) Genießen Sie Ihren dänischen Apfel-Pflaumen-Kuchen!

90. Norwegisches Rhabarber-Dessert

ZUTATEN:
- 1½ Pfund Rhabarber
- 1½ Tassen Wasser
- ¾ Tasse Zucker
- ½ Teelöffel Vanille
- 3 Esslöffel Maisstärke
- 1 Tasse Sahne
- ¼ Tasse Zucker
- 1 Teelöffel Vanille

ANWEISUNGEN:
a) Rhabarber waschen, putzen und in ½-Zoll-Scheiben schneiden.
b) Rhabarber mit Wasser und Zucker vermischen und dann köcheln lassen, bis er weich ist.
c) Vanille einrühren.
d) Maisstärke mit etwas kaltem Wasser zu einer glatten, steifen Paste verrühren.
e) Unter ständigem Rühren die Maisstärkepaste zum Rhabarber geben und 5 Minuten kochen lassen, bis sie dick und klar ist.
f) Gießen Sie die Mischung in eine Glasschüssel.
g) Die Sahne schaumig schlagen.
h) Zucker und Vanille zur Schlagsahne hinzufügen und weiter schlagen, bis sie steif ist.
i) Spritzen Sie die Schlagsahne durch ein Spritzrohr in dekorativen Kreisen auf das Rhabarberkompott.
j) Alternativ die Oberseite mit einem Löffel Schlagsahne bedecken.
k) Wenn Sie lieber ohne Schlagsahne servieren möchten, können Sie es auch mit etwas Milch auf jede Portion servieren.

91. Schwedische Tosca

ZUTATEN:
KUCHEN:
- ½ Tasse kochendes Wasser
- ¼ Tasse Haferflocken
- ½ Tasse fester brauner Zucker
- ½ Tasse) Zucker
- 3 Esslöffel helle Margarine
- ½ Teelöffel Mandel- oder Kokosnussextrakt
- 1 Tasse Allzweckmehl
- ¼ Tasse Eiersatz (oder 1 Ei)
- 1 Teelöffel Backpulver
- ¼ Teelöffel Salz
- ¼ Tasse Haferflocken

BELAG:
- ¼ Tasse fester brauner Zucker
- 1 Esslöffel Mehl
- 2 Esslöffel helle Margarine
- ¼ Tasse Kokosnuss
- 2 Esslöffel gehackte Nüsse (optional)
- 2 Esslöffel Magermilch
- ¼ Teelöffel Vanille

ANWEISUNGEN:
a) Heizen Sie den Ofen auf 350 °F vor. Sprühen Sie eine quadratische 8-Zoll-Pfanne mit Antihaft-Kochspray ein und stellen Sie sie beiseite.
b) In einer kleinen Schüssel ¼ Tasse Haferflocken und kochendes Wasser vermischen. Lassen Sie es 5 Minuten lang stehen.
c) In einer großen Schüssel Zucker, ½ Tasse braunen Zucker, 3 Esslöffel Margarine, Mandel- oder Kokosnussextrakt und Ei oder Ei-Ersatz vermischen. Gut schlagen. Die Hafermischung hinzufügen und weitere 2 Minuten bei mittlerer Geschwindigkeit schlagen.
d) Mehl leicht in einen Messbecher geben; abflachen. 1 Tasse Mehl, Backpulver und Salz hinzufügen. Weitere 2 Minuten schlagen.
e) Den Teig in die vorbereitete Auflaufform füllen. Bei 350 °F 25–30 Minuten backen oder bis ein Zahnstocher sauber herauskommt.
f) In der Zwischenzeit in einer kleinen Schüssel ¼ Tasse Haferflocken, ¼ Tasse braunen Zucker und 1 Esslöffel Mehl vermengen. Gut mischen.

2 Esslöffel Margarine hineinschneiden, bis sie krümelig ist. Bei Verwendung Kokosnuss und Nüsse unterrühren.

g) Milch und Vanille zur Topping-Mischung hinzufügen und gut verrühren.

h) Den Guss auf dem noch heißen Kuchen verteilen. 13–18 cm von der Hitze entfernt 2–3 Minuten grillen, dabei darauf achten, dass der Kuchen nicht anbrennt. Grillen, bis es sprudelt und goldbraun ist.

i) Auf einem Kuchengitter leicht abkühlen lassen und warm servieren.

92. Norwegisches Riskrem

ZUTATEN:
- ¾ Tasse Reis
- 1 Teelöffel Salz
- 4 Tassen Milch
- ½ Tasse) Zucker
- ½ Teelöffel Mandelextrakt
- 1 Pint Sahne, geschlagen und nach Geschmack gesüßt
- ½ Tasse Mandeln, gehackt
- 1 Mandel, ganz

ANWEISUNGEN:
a) Reis und Salz in Milch in einem Wasserbad kochen, bis der Reis weich und die Mischung dick ist, etwa 1½ Stunden.
b) Zucker und Mandelextrakt hinzufügen. Kühlen.
c) Die gehackten Mandeln und eine ganze Mandel hinzufügen.
d) Schlagsahne unterrühren.
e) Mit roter Fruchtsauce (Himbeere, Erdbeere oder Preiselbeere) servieren.

93. Dänisches Fondue

ZUTATEN:
- 6 Unzen magerer mittlerer Speck, Schwarte entfernt und fein gehackt
- 1 kleine Zwiebel, fein gehackt
- 3 Teelöffel Butter
- 3 Teelöffel einfaches Mehl
- 8 Flüssigunzen Lagerbier
- 8 Unzen geriebener Havarti-Käse
- 8 Unzen geriebener Samso-Käse
- Zum Servieren kleine süß-saure Gurken und helle Roggenbrotstücke servieren

ANWEISUNGEN:
a) Speck, Zwiebeln und Butter in einen Topf geben und kochen, bis der Speck goldbraun und die Zwiebeln weich sind.
b) Mehl einrühren, dann nach und nach Lagerbier hinzufügen und unter häufigem Rühren kochen, bis es eingedickt ist.
c) Fügen Sie unter ständigem Rühren den Käse hinzu und kochen Sie weiter, bis der Käse geschmolzen ist und die Mischung glatt ist.
d) In einen Fonduetopf füllen und mit Gewürzgurken und hellen Roggenbrotstücken servieren.

94. Schwedischer Käsekuchen

ZUTATEN:
- 1 x Basis-Tortenboden; 9"
- 2 Tassen Hüttenkäse
- 3 große Eier
- ¼ Tasse ungebleichtes Mehl; Gesiebt
- ¼ Tasse Kristallzucker
- 1 Tasse helle Creme
- ½ Tasse Mandeln; Geröstet, fein gehackt

ANWEISUNGEN:
a) Heizen Sie den Ofen auf 350 Grad F vor.
b) Den Hüttenkäse durch ein Sieb drücken. In eine große Rührschüssel geben und glatt rühren.
c) Eier, Mehl, Zucker, Sahne und fein gehackte Mandeln hinzufügen. Gut vermischen.
d) Gießen Sie die Mischung in den vorbereiteten 9-Zoll-Tortenboden.
e) Etwa 45 Minuten backen oder bis ein Messer sauber herauskommt.
f) Nehmen Sie den Kuchen aus dem Ofen und kühlen Sie ihn vor dem Servieren ab.

95. Norwegische Lachstörtchen

ZUTATEN:
- 10 Esslöffel Butter
- 2 Tassen Mehl
- Wasser; kalt
- 1 Esslöffel Butter
- 1 groß Zwiebel; gehackt
- 1 Tasse Pilze; geschnitten
- ½ Tasse Sauerrahm
- 1 Pfund Lachsfilet
- 2 Eier; leicht geschlagen
- 2 Teelöffel Dill; frisch, gehackt
- Salz
- Pfeffer
- 1 Eiweiß; leicht geschlagen
- 1 Tasse Sauerrahm
- 2 Teelöffel Schnittlauch; gehackt
- 1 Teelöffel Dill; frisch, gehackt
- 1 Strich Knoblauchpulver

ANWEISUNGEN:
GEBÄCK ZUBEREITEN:
a) Butter mit einem Teigmixer zu Mehl verarbeiten und nach und nach Wasser hinzufügen, bis ein fester Teig entsteht.
b) Für 12 Törtchen die obere und untere Kruste ausrollen und ausschneiden.

FÜR DIE FÜLLUNG :
c) In einer Pfanne Butter schmelzen, Zwiebeln hinzufügen und anbraten. Pilze und Sauerrahm hinzufügen; Fünf Minuten köcheln lassen und abkühlen lassen. In der Zwischenzeit den Fisch pochieren oder dämpfen, bis er leicht zerfällt. Fisch und Flocken in einer Schüssel abtropfen lassen. Ganze Eier und Dill mit Fisch vermischen. Mit Salz und Pfeffer abschmecken.
d) Mischen Sie die Fisch- und Pilzmischungen und löffeln Sie sie in die unteren Krusten. Mit der zweiten Kruste belegen und die Ränder zusammendrücken, um sie zu verschließen.
e) Die oberen Krusten und Ränder mit Eiweiß bestreichen. Krusten für Dampfentlüftungen einstechen.
f) 10 Minuten bei 450 Grad F backen oder bis die Kruste goldbraun ist.

Topping zubereiten:
g) Sauerrahm und Gewürze verrühren.
h) Geben Sie vor dem Servieren einen Löffel zu jeder Torte.

GETRÄNKE

96.Gott Hammer

ZUTATEN:
- 15 Milliliter Zitronensaft
- 15 Milliliter Orangensaft
- 30 Milliliter schwedischer Punschlikör
- 60 Milliliter hellweißer Rum

ANWEISUNGEN:
a) Zutaten mit Eis schütteln und in ein gekühltes Glas abseihen.
b) Mit Orangenschale garnieren.

97. Arzt

ZUTATEN:
- 22 Milliliter Limettensaft
- 45 Milliliter gereifter Rum
- 45 Milliliter schwedischer Punschlikör

ANWEISUNGEN:
a) Zutaten mit Eis schütteln und in ein gekühltes Glas abseihen.
b) Mit Limettenschale garnieren.

98. Schwedische Kaffeemischung

ZUTATEN:
- ½ Tasse Instantkaffeegranulat
- ¼ Tasse fester brauner Zucker
- ¼ Teelöffel gemahlener Zimt
- ¼ Teelöffel gemahlene Nelken
- ¼ Teelöffel gemahlene Muskatnuss
- ¼ Teelöffel geriebene Orangenschale

ANWEISUNGEN:
a) Alle Zutaten vermischen und gut umrühren.
b) Bei Raumtemperatur in einem luftdichten Behälter aufbewahren.
c) Kombinieren Sie 1 Esslöffel Kaffeemischung und 1 Tasse kochendes Wasser. Nach Belieben mit Schlagsahne belegen.

99. Schwedischer Speer

ZUTATEN:
- 30 Milliliter Pink Grapefruitsaft
- 30 Milliliter schwedischer Punschlikör
- 60 Milliliter Bourbon-Whisky
- Britisches Bitterbier

ANWEISUNGEN:
a) Zutaten mit Eis schütteln und in ein gekühltes Glas abseihen. Mit Bier auffüllen.
b) Mit einer Grapefruitscheibe garnieren.

100. Dänischer Kaffee

ZUTATEN:
- 8 Tassen heißer Kaffee
- 1 Tasse dunkler Rum
- 3/4 Tasse Zucker
- 2 Zimtstangen
- 12 Nelken (ganz)

ANWEISUNGEN:

a) In einem sehr großen, schweren Topf alle Zutaten vermischen, abdecken und bei schwacher Hitze etwa 2 Stunden lang stehen lassen.

b) In Kaffeetassen servieren.

ABSCHLUSS

Zum Abschluss unserer Erkundung von „SKANDINAVISCHES ESSEN ENTHÜLLT" möchten wir Ihnen unsere herzliche Wertschätzung dafür aussprechen, dass Sie uns auf dieser kulinarischen Reise durch die reichen und authentischen Aromen des Nordens begleitet haben. Wir hoffen, dass Sie mit diesen 100 Rezepten die Essenz der skandinavischen Küche genießen und den kulinarischen Zauber der Region in Ihr Zuhause holen können.

Dieses Kochbuch ist mehr als nur eine Rezeptsammlung; Es ist eine Einladung, die Schönheit der Einfachheit, die Freude am Kreieren von Grund auf und die Befriedigung zu genießen, die sich aus dem Teilen geschmackvoller Momente am Tisch ergibt. Während Sie die letzten Bissen dieser authentischen skandinavischen Kreationen genießen, empfehlen wir Ihnen, die reichhaltige kulinarische Vielfalt des Nordens weiter zu erkunden.

Möge „SKANDINAVISCHES ESSEN ENTHÜLLT" Ihre zukünftigen kulinarischen Unternehmungen inspirieren und mögen die authentischen Aromen Skandinaviens Ihre Küche weiterhin mit Wärme, Freude und dem Geist nordischer Gastfreundschaft bereichern. Skål!

www.ingramcontent.com/pod-product-compliance
Lightning Source LLC
Chambersburg PA
CBHW071325110526
44591CB00010B/1033